A organização do texto descritivo
em língua portuguesa

A organização do texto descritivo em língua portuguesa

1.ª edição – Vozes (1996)
2.ª edição revista – Lucerna (2004)

Sueli Cristina Marquesi

A organização do texto descritivo em língua portuguesa

NOVA EDIÇÃO REVISTA

Editora Lucerna
Rio de Janeiro – 2004

Copyright © 2004 by
Sueli Cristina Marquesi

Todos os direitos reservados e protegidos.
Proibida a duplicação ou reprodução deste livro ou partes do mesmo, sob quaisquer meios, sem autorização expressa dos editores.

Produção gráfica: Editora Lucerna

Capa: Luis Saguar e Marcelus Gaio

Diagramação: Victoria Rabello

Revisão: Karlene Rocha Campos

CIP-Brasil. Catalogação na fonte
Sindicato Nacional dos Editores de Livros, RJ

M321o 2.ed.	Marquesi, Sueli Cristina, 1953- A organização do texto descritivo em língua portuguesa / Sueli Cristina Marquesi. – 2. ed. Rio de Janeiro : Lucerna, 2004 160p. : 23cm.
	Inclui bibliografia
	ISBN 85-86930-40-7
	1. Língua portuguesa – Análise do discurso. 2. Lingüística portuguesa – Português escrito. 3. Descrição (Retórica). I. Título.
04-2156.	CDD 469.8 CDU 811.134.3'42

Esta obra foi publicada com o apoio das seguintes Instituições:

- **UNICSUL – Universidade Cruzeiro do Sul**
  Av. Regente Feijó, 1295 – CEP 03342-000 - São Paulo - SP – Tel.: (11) 6672-6200
  Rua Galvão Bueno, 868 – CEP 01506-000 - São Paulo - SP – Tel.: (11) 3385-3000
  Av. Dr. Ussiel Cirilo, 225 – CEP 08060-070 - São Paulo - SP – Tel.: (11) 6137-5700
  www.unicsul.br / unicsul@unicsul.br

- **IP/PUC-SP**
  R. Ministro Godoy, 1181 – CEP 05009-000 - São Paulo - SP
  Tel.: (11) 3862-7640 / 3081-4555 – www.ippucsp.org / ippucsp@pucsp.br

EDITORA LUCERNA® é marca registrada da
EDITORA YH LUCERNA LTDA.
Rua Colina, 60 / sl. 210 – Jd. Guanabara
CEP 21931-380 – Rio de Janeiro – RJ
Telefax: (21) 3393-3334 / 2462-3976
www.lucerna.com.br / info@lucerna.com.br
Caixa Postal 32054 – CEP 21933-970 – Rio de Janeiro – RJ

A Miguel León González,
... quase no outono
... o início da primavera.

A Caroline, Thaís e Juliana,
descritoras de novos e infinitos textos.

SUMÁRIO

Prefácio à 2ª edição – *Leonor Lopes Fávero* 11

Apresentação – *Evanildo Bechara* 13

Introdução 15

Capítulo I
Situando a linha teórica 19
1. Considerações gerais 19
2. Texto e coerência 25
3. Macroestrutura e microestrutura 32
4. Macrorregras de redução da informação semântica 37
5. Superestrutura textual 39

Capítulo II
O descritivo: limites e perspectivas 45
1. Considerações gerais 45
2. Do narrativo para o descritivo 46
3. Descritivo: possibilidade de uma teoria? 51
4. Descritivo: instrumento para a prática pedagógica 78
5. Descritivo na tipologia textual: tarefa para a Lingüística de Texto 84

Capítulo III
Em busca da superestrutura do descritivo 87
1. Considerações gerais 87
2. Confronto entre modelos existentes 87
3. Descritivo e competência 89
4. Descritivo e seu enunciado 93
5. Superestrutura do descritivo 102

Capítulo IV
Analisando textos descritivos 115
1. Considerações gerais 115

2. Texto I 116
3. Texto II 122
4. Texto III 128
5. Texto IV 133
6. Texto V 138
7. Texto VI 143

Conclusão 147

Bibliografia 151

Prefácio à 2ª edição

Nos últimos anos, no Brasil, o estudo do texto vem despertando o interesse de especialistas das mais diversas áreas do conhecimento, especialmente da Lingüística, Antropologia, Filosofia da Linguagem, cujos pesquisadores têm mostrado preocupação, evidenciada por inúmeras publicações, com o funcionamento da linguagem e a questão da tipologia que aí se insere.

Este livro, agora em segunda edição, situa-se nesse campo de investigação, mas ganha especial interesse entre nós, pela forma como o tema é tratado: primeiramente uma revisão de modelos anteriores, depois a proposta de uma superestrutura para o texto descritivo, aplicando-a, em seguida, à análise de textos extraídos de obras literárias, jornais, revistas e enciclopédias. Sua autora assume posições claras, possibilitando seu aproveitamento não só em sala de aula – quer por professores do Ensino Médio, quer por professores e alunos dos cursos da área de Letras – mas também por todos os estudiosos da linguagem.

Quem conhece a professora Sueli Cristina Marquesi sabe de antemão que o que vai ler é de qualidade. Possuidora de muitas virtudes, sua retidão de caráter, competência e dedicação que imprime a tudo o que faz são traços que marcam sua personalidade e sua carreira.

Neste livro que a Editora Lucerna em boa hora reedita e que tenho a alegria de partilhar com novos leitores, reafirmam-se seus méritos e, em especial, sua competência.

Leonor Lopes Fávero

Apresentação

Este livro da Prof.ª Sueli Marquesi se centra na descrição e análise das superestruturas identificadas na produção textual. Partindo desta estratégia, ganham nova ênfase a leitura e redação como procedimento de uma metodologia capaz de conquistar resultados positivos no ensino da leitura e da produção textual das mais variadas situações do discurso descritivo.

A metodologia defendida neste livro não só pode colher bons frutos quando aplicada a classes de ensino fundamental e médio, mas também se revela eficaz instrumento na orientação e aplicação entre nossos alunos de nível superior. Daí a presente obra ter-se imposto como de leitura obrigatória para todos os que desejam utilizar com sucesso as estratégias para bem ler, entender, interpretar e produzir textos. Esta 2.ª edição confirma a aprovação de seus primeiros leitores e justifica nossos aplausos à Prof.ª Sueli Marquesi.

Evanildo Bechara

Introdução

O trabalho que ora trazemos a público tem sua origem ligada ao ensino de redação e leitura em língua portuguesa e foi desenvolvido com base em uma investigação de cinco anos,* em que procedemos ao estudo de uma modalidade textual muito pouco discutida por pesquisadores, embora bastante utilizada no cotidiano dos discursos sociais: *o texto descritivo*.

Três pontos principais justificam a abordagem deste tema:

1. a vasta ocorrência do descritivo, não só no discurso ficcional como também em outros tipos, já que a descrição aparece com as mais diversas funções, seja em diferentes gêneros literários, em enciclopédias, em obras científicas, técnicas, seja, ainda, em textos consumidos diariamente;

2. a lacuna em relação ao descritivo no âmbito dos estudos teóricos sobre a tipologia de textos;

3. o número restrito de trabalhos que apresentam o descritivo como objeto de investigações e a quase inexistência daqueles cujo objetivo é a pesquisa de sua organização superestrutural.

Assim, embora reconheçamos com diversos pesquisadores, como Orlandi (1983), Guimarães (1986) e Fávero & Koch (1987), que uma tipologia de texto deva ser articulada a uma tipologia de discurso, uma vez que "um certo texto particular é de um certo tipo em virtude da correlação entre certos elementos de sua organização e suas condições de produção" (Guimarães, 1986: 76), consideramos que o estudo da superestrutura é fundamental para a produção e intelecção de textos.

Apoiando-nos na afirmação de que "cabe à Lingüística Textual definir, com base na pesquisa sobre a constituição e o funcionamento de textos considerados descritivos, o que faz com que uma descrição seja uma descrição, o que a

---

* Resultando em tese de doutorado, a pesquisa contou com a orientação de Regina Célia Pagliuchi da Silveira, a quem agradecemos pelo incentivo à busca de novos horizontes.

distingue de outros tipos textuais e como integra os diferentes tipos discursivos" (Neis, 1986: 49), propomo-nos a investigar sua superestrutura, fundamentando-nos em princípios teóricos da referida corrente lingüística.

Dessa forma, partimos da hipótese que aponta para a existência de uma superestrutura do texto descritivo, definida por categorias e regras responsáveis por sua organização, e temos por objetivo contribuir para os estudos da produção textual em língua portuguesa: redação e leitura.

Para o desenvolvimento do trabalho, adotamos o método hipotético-dedutivo, entendido como aquele cujas hipóteses a serem testadas originam-se no conhecimento teórico; nesse sentido, as análises que compõem o capítulo IV serão apresentadas a título de exemplificação.

A obra organiza-se em quatro capítulos. No primeiro, apresentamos a fundamentação teórica para tratamento do tema e ressaltamos a existência da lacuna em relação ao descritivo, no que se refere à sua inserção nos estudos da tipologia textual. No segundo, procedemos a uma revisão de trabalhos, especificamente referentes ao descritivo, apresentando estudos desenvolvidos, sobretudo na França, e uma reflexão sobre a abordagem por eles proposta. No terceiro, propomos, com base em estudos desenvolvidos nos capítulos I e II, a superestrutura do descritivo. No quarto, finalmente, apresentamos algumas análises de textos descritivos manifestados em situações discursivas diversificadas.

Esperamos que o leitor possa, de fato, encontrar, em um trabalho de caráter teórico, subsídios para seu desempenho na produção de textos.

A organização do texto descritivo em língua portuguesa

CAPÍTULO I

Situando a linha teórica

1. Considerações gerais

A década de 60 marca para a Lingüística o início de uma nova perspectiva, seja quanto ao objeto de estudo, seja quanto ao método de trabalho: o texto passa a ser abordado como *unidade de análise*.

Tal perspectiva desencadeia uma série de investigações que, dada a amplitude da área, caminham em diversas direções. Assim, um histórico das vertentes dessa *lingüística textual* auxilia-nos a justificar nossa opção entre a variedade de correntes, em função de nosso interesse em desenvolver um texto sobre o assunto, visando os alunos universitários de Letras, na fase inicial de seus estudos.

Pesquisas publicadas por Conte (1977), Marcuschi (1983), Fávero & Koch (1983) e Koch (1988) situam esse histórico e expõem, para a comunidade universitária, a tradução de diversos estudos desenvolvidos principalmente na Alemanha.

Conte (1977) situa o início da Lingüística Textual como disciplina nos anos 60 e distingue, nesse campo, três momentos:

1 – o da análise transfrástica;
2 – o da construção de gramáticas textuais;
3 – o da construção de teorias de texto.

No que se refere à expressão *lingüística textual*, a autora esclarece que essa já aparecia em 1955, na forma espanhola *lingüística del texto*, no trabalho de Eugenio Cosériu *Determinación y entorno*; no entanto, no sentido atual, a expressão ocorreu pela primeira vez em 1967, na forma alemã *textlinguistik*, em trabalho desenvolvido por Weinrich.

Passando da expressão *lingüística textual* para o seu conceito, a pesquisadora destaca a variedade de termos e objetos de estudo desencadeados desde então: *textologia* – Harweg, *teoria de texto* – Schmidt, *análise do discurso* – Harris, *hipersintaxe* – Polek, *translingüística* – Barthes. Ela afirma que esses termos não cobrem necessariamente o mesmo âmbito da pesquisa: por exemplo, em Schmidt, *teoria de texto* significa *pragmática do texto*.

Quanto aos três momentos que pontuam o trajeto da Lingüística Textual, esses não têm, conforme a autora, uma distinção cronológica, mas tipológica: são três tipos de desenvolvimento teórico e não três etapas de uma sucessão temporal.

Para Conte, uma das razões que levaram à projeção de uma lingüística textual deve-se ao fato de a gramática da frase não dar conta de fenômenos como a correferência, a pronominalização, a seleção de artigos, a ordem das palavras no enunciado, a relação entre tópico e comentário, a entonação do enunciado.

O objeto de estudo, nos três momentos propostos, fica situado conforme exposto a seguir.

No primeiro – o da pesquisa transfrástica – o objeto de indagação não é o texto em si mesmo, mas os tipos de ligação entre enunciados em uma série de enunciados. Conte ressalta que a maior parte das pesquisas transfrásticas diz respeito às relações referenciais – em particular, à identidade referencial ou correferência, considerada como constitutiva da coerência de um texto: vários constituintes lingüísticos denotam uma única entidade (referência).

Contudo, ao analisar a noção de coerência tal como é apresentada, limitada à questão da correferência, a autora argumenta que a abordagem textual proposta dessa ótica não dá conta de outros fatores também responsáveis pela coerência textual e assim resume esse momento:

> No primeiro momento da Lingüística Textual superam-se os limites do enunciado isolado, uma vez que se consideram seqüências de enunciados, mas não se chega ainda a um tratamento completo do texto. Ao contrário, é somente tematizando a estrutura hierárquica de um texto, a sua coerência semântica global, que se pode dar um passo do enunciado ao texto (Conte, 1977: 17).

Em conclusão, Conte caracteriza o momento da análise transfrática como uma fase preparatória para o da gramática textual, pelo próprio tipo diferenciado de trabalhos que surgiram na época: de um lado, pesquisadores estruturalistas como Weinrich ou Harweg e, de outro, gerativistas como Isenberg, Steinitz ou Karttunen. Faltou, nesse contexto, um quadro teórico que garantisse um tratamento homogêneo e uma comparação entre os resultados das várias pesquisas.

No segundo momento – o das gramáticas textuais –, ocorre a explicação de fenômenos lingüísticos inexplicáveis de acordo com uma gramática do enunciado. E o que legitima tal gramática "é a descontinuidade entre enunciado e texto, a diferença qualitativa (e não meramente quantitativa) entre enunciado e texto" (Conte, 1977: 17-18).

Extrapolando o nível do enunciado e das relações entre eles, esse momento traz para a Lingüística um objeto que modifica as perspectivas de abordagem até então feitas: a existência de uma competência textual. As novas perspectivas fixam e determinam as seguintes tarefas para a gramática textual:

1. determinar o que faz de um texto um texto, quais são os seus princípios de constituição, em que consiste a coerência textual, o que produz a textualidade específica de um texto;
2. determinar critérios para a delimitação de textos;
3. diferenciar os diferentes tipos de texto.

Conte destaca, como principais teóricos da gramática textual, Van Dijk, Rieser e Petöfi, cujos modelos compreendem três características: um quadro teórico gerativo, instrumentos conceituais e operativos da lógica e a integração da gramática dos enunciados na gramática textual.

Em relação ao modelo proposto por Van Dijk, seu ponto de partida é a distinção entre estrutura profunda e estrutura textual superficial, que introduz as noções de macro e microestruturas, respectivamente. Para o autor, "uma gramática textual gerativa é um algoritmo o qual gera infinitas estruturas profundas" (Van Dijk, *apud* Conte, 1977: 19).

Quanto ao modelo proposto por Rieser, sua concepção é a de que uma gramática textual é modelada sobre uma gramática gerativa. Recentemente, no entanto, esse autor abandonou a tentativa de construir tal modelo e agora colabora na construção do modelo de Petöfi, que, segundo o próprio Rieser, é superior ao seu, não só por razões teóricas, mas também por seu maior poder explicativo.

Por sua vez, o modelo elaborado por Petöfi refere-se a uma gramática textual com base estabelecida não-linearmente. Conte explica que:

> Estabelecida não-linearmente significa que a base textual consta de uma representação semântica indeterminada no que se refere à manifestação linear da seqüência dos enunciados. A parte transformacional determina a manifestação linear do texto. O modelo de gramática textual elaborado por Petöfi demonstra ser possível a análise de textos (ou seja, a atribuição de todas as possíveis bases textuais a uma manifestação linear), a síntese dos textos (ou seja, a generalização de todas as possíveis bases textuais), a comparação dos textos (Conte, 1977: 20).

Tal modelo revela, conforme esclarece Conte, que o léxico tem uma função eminente com suas representações semânticas intencionais. Para Petöfi, a gramática textual é apenas um componente de toda a teoria de texto por ele projetada, na qual distingue um componente *co-textual* de um componente *con-textual*.

Desse modo, ao componente co-textual, o teórico atribui dois subcomponentes: um gramatical, que é a citada gramática textual, e um não-gramatical, que concerne a questões internas ao texto, como metro, rima, eufonia. Ao componente con-textual, por sua vez, Petöfi atribui a interpretação semântica extensional (mundos possíveis, modelos) e questões da produção do texto e de sua recepção (ou seja, do contexto pragmático no qual um texto ocorre).

Ultrapassando o nível da abordagem textual interna, o trabalho de Petöfi constitui-se – a nosso ver – como a pesquisa que estabelece a ponte entre o segundo momento da Lingüística Textual – o da gramática de texto – e o terceiro – o de uma teoria de texto.

Para Conte, o terceiro momento refere-se ao tratamento do texto em seu contexto pragmático. Nesse âmbito, a pesquisa estende-se do texto ao contexto, ou, no dizer de Petöfi, *do co-texto* (regularidade interna ao texto) ao *contexto* (conjunto de condições externas ao texto, referentes à sua produção, recepção e interpretação).

Fávero & Koch (1983: 15) referem-se a esse terceiro momento destacando que "para o surgimento das teorias de texto contribuíram, de maneira relevante, a teoria dos atos de fala, a lógica das ações e a teoria lógico-matemática dos modelos". Elas afirmam que a abertura da Lingüística à Pragmática propiciou posicionamentos diversos entre os vários autores que desenvolveram seus trabalhos nessa área, destacando-se, especialmente, as posturas de Dressler e Schmidt.

No que se refere ao trabalho de Dressler, Fávero & Koch salientam que, para ele, a Pragmática é apenas um componente adicional do modelo de gramática textual preexistente, cabendo-lhe somente dar conta da situação comunicativa na qual o texto ocorre. Já para Schmidt, ao contrário, a inserção da Pragmática significa a mudança da Lingüística Textual para uma teoria pragmática do texto e, dessa forma, o ponto de partida da teoria do texto é o ato de comunicação (com todos os seus complexos pressupostos psicológicos e sociais) inserido numa situação comunicativa. Nesse caso, a competência que está na base empírica do texto passa a ser a competência comunicativa (ou seja, a capacidade do falante de empregar adequadamente a linguagem em suas várias situações) e não mais apenas a competência textual.

Marcuschi (1983), ao caracterizar a Lingüística de Texto como pólo de investigação teórica da lingüística contemporânea, define-a como uma lingüística dos sentidos e processos cognitivos e não apenas da organização pura e simples dos constituintes de frase. Dessa visão, ele propõe que tal vertente trata o texto como um ato de comunicação unificado num complexo universo de ações humanas e afirma que a autonomia textual deve ser abordada como categorias funcionais, as quais são subdivididas em torno dos seguintes fatores:

1. fatores de contextualização;
2. fatores de conexão seqüencial (coesão);
3. fatores de conexão-conceitual-cognitiva (coerência);
4. fatores de conexão de ações (pragmática).

A amplitude de campo de investigação da Lingüística Textual é sintetizada por esse estudioso em dois focos maiores de definições:

1. de critérios internos ao texto, em que esse é observado do ponto de vista imanente do sistema lingüístico;
2. de critérios temáticos ou transcendentes ao sistema, em que o texto é considerado como unidade de uso ou unidade comunicativa.

A fim de explicar os dois grupos de critérios, Marcuschi recorre aos estudos de Harweg, datados de 1968, em que esse propõe uma distinção entre texto *êmico* e texto *ético*: o texto êmico é aquele que se realiza na sua relação de imanência ao sistema do texto em si (caracterizado por Petöfi como o nível da co-textualidade); o texto ético é o que se realiza situativamente e se define na contextualidade, envolvendo, por exemplo, nome do produtor, data, local em que se insere e outros elementos.

Assim, do ponto de vista interno, ou da imanência, Marcuschi coloca que o texto foi definido, de uma maneira geral, como uma seqüência coerente de sentenças: os teóricos que trabalham esse nível procuram gramáticas textuais e fazem predominar os aspectos sintáticos do texto, não tratando do nível cognitivo-conceitual e pragmático.

Por outro lado, do ponto de vista transcendente ao sistema, ou da comunicação, o autor declara que as definições de texto propõem critérios mais amplos que os estritamente lingüísticos, tornando-o uma unidade comunicativa e não simples unidade lingüística. Nesse ângulo, ocorrem as considerações *éticas*, ou seja, as que levam em conta o arranjo de sentenças em seu funcionamento.

Marcuschi conclui que a Lingüística de Texto é a descrição da correlação entre a produção, a constituição e a recepção de textos, comportando a implicação de dois tipos de elementos: os internos ao texto e os externos a ele, respectivamente, na acepção de Petöfi, os co-textuais e os con-textuais.

A variedade de enfoques nas pesquisas sobre texto, em sua fase inicial, desencadeou inúmeros trabalhos que, mesmo fundamentados em pressupostos básicos comuns, caminharam em direções diversificadas, fato que configurou, na década de 80, uma lingüística textual caracterizada por diversas vertentes. Koch (1988: 1-3), ao fazer uma reflexão sobre o estado dessa corrente lingüística e suas tarefas no Brasil, ressalta as seguintes linhas:

1. de Beaugrande/Dressler, centrada no estudo dos diversos critérios ou padrões de textualidade e fundamentada nos pressupostos da *semântica procedural*, entre outros;
2. de Weinrich, que trata da construção de uma macrossintaxe embasada no método heurístico da *partitura textual*;
3. de Van Dijk, voltada para o estudo das macro e superestruturas textuais – portanto para a questão da produção de resumos – e, principalmente, para o estudo da tipologia de textos;
4. da *análise do discurso* de linha norte-americana, mais centrada na questão do processamento cognitivo do texto, isto é, de sua compreensão e produção e, por conseqüência, centrada no estudo dos modelos e mecanismos cognitivos envolvidos nesse processamento, fundamentada na Psicologia da Cognição e na Inteligência Artificial (Abelson, Miller, Johnson, Rummelhart, Minsky, Ostony, entre outros);
5. do grupo de lingüistas franceses que se dedica aos problemas de ordem textual e à operacionalização dos construtos teóricos para o ensino de línguas (Charolles, Combettes, Vigner, Adam, entre outros);
6. da *análise da conversação*, encetada por etnometodólogos como Goffman, Sachs, Schegloff e Jefferson, a qual vem se constituindo em campo autônomo de pesquisa lingüística em diversos países da Europa e da América, inclusive no Brasil;
7. da *análise do discurso* de linha francesa, de cunho predominantemente socioideológico, que parte dos trabalhos de Pêcheux, seguidos dos de Maingueneau, e que, do mesmo modo, constitui-se em campo de investigação à parte. É nessa mesma direção que caminha a vertente que vem se desenvolvendo na América do Norte e se autodenomina *Critical Discourse Analysis*;
8. do grupo de Petöfi, linha voltada inicialmente para a construção de uma teoria semiótica dos textos verbais e atualmente centrada na questão da produção/compreensão de textos.

Rever a Lingüística Textual, num breve histórico, impôs-se como etapa relevante para situarmos e justificarmos a linha teórica adotada na busca da superestrutura do texto descritivo.

Os três momentos definidos por Conte (1977) como não cronológicos, mas tipológicos, e as vertentes apresentadas por Koch (1988) revelam claramente que, em situação de produção ou recepção de textos, não só fatores de ordem textuais devem ser considerados, mas que também os de ordem contextual, ou pragmáticos, são essenciais.

No caso específico deste livro, trabalho teórico de contribuição à tipologia de textos, os fundamentos do momento denominado por Conte de *gramática textual* e, mais tarde, indicados por Koch como *vertente 3*, são adequados para o alcance do objetivo proposto. Nesse sentido, cremos ser indispensável uma reflexão sobre texto, coerência textual, macro e microestruturas textuais, bem como sobre superestrutura textual.

2. Texto e coerência

Conceito de texto

As diferentes óticas que moveram as pesquisas na área textual proporcionaram diversas acepções ao termo *texto*, ora usado como entidade lingüística, ora como entidade discursiva. Em função da linha teórica adotada, assumimos o conceito de texto expresso em Van Dijk (*apud* Fávero & Koch, 1983: 23) – "unidade teoricamente reconstruída", em contraposição a discurso – "unidade passível de observação, aquela que se interpreta quando se vê ou se ouve uma enunciação, ao qual o texto subjaz".

Diante dessa opção, consideramos importante, para a ampliação de nossos horizontes de reflexão e também para o caminho que buscamos para a análise do descritivo, situar alguns outros autores que, anterior ou contemporaneamente a Van Dijk, caminharam nessa mesma direção. Destacamos, então, Conte (1977), Marcuschi (1983) e Fávero & Koch (1983).

O início das discussões de Conte (1977: 18) é marcado pela ênfase na necessidade de extrapolar, na abordagem textual, o nível da análise transfrástica. Sendo assim, a autora concebe texto como "qualquer coisa a mais que mera seqüência de enunciados" e ressalta que "a compreensão e a formação de textos parecem estar ligadas a uma competência específica do falante: a competência textual".

Tal competência é apresentada como a responsável pela formação e compreensão de enunciados gramaticalmente corretos, possibilitando aos falantes de uma língua:

1. distinguir um aglomerado incoerente de enunciados de um texto coerente;
2. parafrasear um texto, resumi-lo, chegar a seu significado geral;
3. perceber se um texto está interrompido ou incompleto;
4. atribuir título a um texto, ou descobrir um texto pelo título;
5. classificar os vários tipos de textos.

Desse enfoque, portanto, o texto é visto como uma unidade organizada em si mesma segundo princípio de uma certa regularidade interna, o que Petöfi chamou de co-texto.

Todavia, Conte chama-nos a atenção para o fato de que a noção de texto, as reflexões sobre sua natureza, bem como o despontar da análise textual já se faziam presentes no Estruturalismo, particularmente nos estudos de Hjelmslev, datados de 1943, e de Harris, datados de 1952.

Para Hjelmslev, conforme expõe a autora, o termo texto enquadra-se em uma rede de interdefinições, sendo um correlato da língua, significando, pois, qualquer manifestação-dela (qualquer expressão longa ou breve, escrita ou falada). Por conseguinte, o texto corresponderia, aproximadamente, à *parole*, de Saussure, e não seria somente uma unidade lingüística, mas – sobretudo – uma forma de existência de uma língua. Conte ressalta que isso excluiria a possibilidade de fundamentar-se uma lingüística textual sobre ele, uma vez que o objetivo de tal teoria é possibilitar uma descrição simples e exaustiva do sistema subjacente ao texto.

Já para Harris, segundo Conte, sua análise textual é uma tentativa de transcender os limites do enunciado, na medida em que expõe a hipótese de que a forma primária sob a qual a linguagem se apresenta não são palavras ou enunciados isolados, mas uma espécie de discurso contínuo. Porém, a análise do discurso, para esse autor, é uma simples expansão da análise estrutural do enunciado ao texto, e nela os métodos estruturais de segmentação e classificação dos níveis fonológico, morfológico e sintático são transferidos para o nível do discurso contínuo.

Harris segmenta o discurso em morfemas e procura estabelecer relações de equivalência entre morfemas isolados ou entre seqüências de morfemas. A distribuição de morfemas equivalentes e de seqüência equivalente de morfemas de um texto, assim como as configurações de recorrência desses morfemas, constituem a estrutura global do texto.

Fávero & Koch (1983: 33-34), referindo-se a Harris como um dos precursores *stricto sensu* da Lingüística Textual, ressaltam que ele foi o primeiro lingüista moderno a considerar o discurso como objeto legítimo da Lingüística e a realizar uma análise sistemática de textos, sendo que o mais importante, em sua visão da análise de discurso, é a noção de "estrutura global que caracteriza o discurso interno", a qual será fundamental em análises de texto, como, por exemplo, nas de Van Dijk.

No entanto, as autoras salientam que a estrutura global, na definição de Harris, expressa posições que limitam sua análise:

1. o discurso é concebido como uma estrutura linear, na qual, aparentemente, não podem ser descobertas relações hierárquicas;
2. a estrutura global parece excluir um grande número de textos, freqüentes na linguagem coloquial, formados de uma só oração.

Fávero & Koch enfatizam, ainda, que a possível coincidência entre texto e período é um dos motivos para se tomar a gramática da frase como modelo para o desenvolvimento de uma gramática de texto, uma vez que aquela parte do pressuposto de que texto e enunciado estão na mesma relação que sintagma e morfema, ou morfema e fonema, o que não é verdadeiro, pois a diferença entre enunciados e texto não é quantitativa, mas qualitativa, por se tratar de unidades heterogêneas.

Outro conceito de texto também discutido por Conte (1977) é o proposto por Weinrich, em estudos datados de 1964, nos quais o texto é tido como seqüência linear de lexemas e morfemas que se condicionam reciprocamente e que de modo recíproco constituem o contexto. Na acepção desse autor, o texto é uma estrutura determinativa, e cabe à sintaxe orientar o leitor/ouvinte nesta rede de relações.

Fávero & Koch (1983) também resgatam os estudos de Weinrich e esclarecem que, embora o autor não apresente propriamente um modelo de gramática textual, sua obra, nesse campo, merece destaque especial, já que postula a necessidade de uma macrossintaxe do discurso, com base em diversos aspectos discursivos, tais como a sintaxe dos tempos verbais, a do artigo, a questão da subordinação e da coordenação, entre outros. As autoras dão ênfase à seguinte afirmação do referido teórico:

> um texto é, sem dúvida, uma totalidade em que tudo está relacionado. As orações seguem-se umas às outras numa ordem lógica, de forma que cada oração entendida ajuda a compreensão orgânica da seguinte. De uma parte, a oração seguinte, quando entendida, influi sobre a compreensão da precedente, de forma que esta se

entende melhor quando se volta a pensar nela. É assim que alcançamos a compreensão de um texto. Por isso, toda oração está subordinada a outra na medida em que não só não se compreende por si mesma, mas também contribui para a compreensão de todas as outras. Isso demonstra que não só a oração isolada, como também o texto inteiro, é um andaime de determinações cujas partes são interdependentes (Weinrich, *apud* Fávero & Koch, 1983: 45).

Conte (1977) chama a atenção, ainda, para outro teórico que traz importantes colocações sobre texto: Isenberg. Estabelecendo como objetivo de seu trabalho, datado de 1968, a construção de um mecanismo apto a engendrar textos, esse autor concebe a existência de uma gramática textual, que deve ser um modelo da competência lingüística do falante e não dos processos postos em ação na construção de um enunciado em situação de discurso.

Embora Isenberg se limite a uma determinação da extensão do texto em relação ao enunciado, reduzindo a diferença entre os dois à extensão de cada um, ao propor como unidade básica de seu estudo o texto, situa questões importantes, tais como a existência potencialmente infinita de textos, sua característica finita, bem como o fato de nem todos os textos serem gramaticalmente corretos, questões essas que contribuíram para as pesquisas posteriormente desenvolvidas na área.

De Van Dijk (1973), finalmente, bem como de Van Dijk & Kintsch (1975), retiramos o conceito de texto que, como dissemos, assumimos nesta obra:

> Não é absolutamente certo, e é mesmo improvável, que um texto seja simplesmente uma seqüência de frases, ou que uma frase seja ela própria uma seqüência simplesmente linear de palavras (Van Dijk, 1973: 204).
> Chamar-se-á texto a estrutura formal, gramatical de um discurso, regida por uma base de texto: a estrutura semântica subjacente ao texto (Van Dijk & Kintsch, 1975: 100).

Uma base de texto, para Van Dijk & Kintsch (1975: 100), é um n-tuplo de proposições. Eles esclarecem que há uma distinção entre uma base de texto implícita (BTI) e uma base de texto explícita (BTE):

> A base de texto implícita é a seqüência das proposições que constituem a entrada das regras de expressões. Dessa base de texto implícita são suprimidas todas as proposições que denotam fatos gerais (por exemplo, os postulados de significação), ou fatos particulares, que o locutor supõe conhecidos do ouvinte. Na base do texto explícita, todas essas proposições estão igualmente presentes, a fim de definir a boa forma teórica da base do texto, isto é, sua coerência.

De acordo com os autores, a base de texto implícita é regular, se for possível derivá-la da base de texto explícita. Na conversação e em tipos específicos de discurso, uma BTI pode ser irregular, por exemplo, quando se omitem as proposições que não podem ser fornecidas regularmente pelo texto ou pela estrutura contextual, mas que têm somente o "estatuto de hipótese possível" (Van Dijk & Kintsch, 1975: 100). Para ilustrar tal ocorrência, eles apresentam a seguinte seqüência:

> 'João encontrou Laura no baile dos estudantes do primeiro ano, eles tiveram logo três crianças', em que as proposições como 'eles se apaixonaram' e 'eles se casaram' são, provavelmente ou talvez, apresentadas na BTE (Van Dijk & Kintsch, 1975: 101).

Marcuschi (1983: 8), ao se referir ao enfoque dado ao texto por Van Dijk, em trabalho datado de 1977, ressalta que "o texto é uma estrutura superficial governada por uma estrutura semântica profunda motivada, ou seja, um conjunto de sentenças da estrutura profunda". Desse modo, as relações textuais devem ser descritas com base no modelo das relações lógico-semânticas estabelecidas nas estruturas profundas do texto. São essas estruturas que possibilitam a coerência, que permitem que se consiga resumir, memorizar e escrever diferentes textos para o mesmo conteúdo. O texto torna-se a unidade lingüística por excelência, pois "é por textos e não por sentenças que nos comunicamos" (Marcuschi, 1983: 8).

Coerência textual

O conceito de texto, na Lingüística Textual, será diretamente ligado ao princípio da coerência textual. Sobre ela, Conte (1977: 15-16) apresenta uma reflexão bastante pertinente, na medida em que ressalta os limites da visão transfrástica e revela o princípio da coerência em sua extensão mais ampla, o que corrobora as posturas de Van Dijk (1972, 1973), Van Dijk & Kintsch (1975) e Charolles (1978), que assumiremos.

Conte (1977) afirma que é falsa a existência de relação entre correferência (o fato de muitos constituintes lingüísticos denotarem uma única e mesma entidade em enunciados que se sucedem) e coerência de um texto. Ela refuta a tese formulada por Harweg, defendida em trabalho datado de 1968, segundo a qual as relações referenciais – em particular a identidade referencial ou correferência – são consideradas como constitutivas da coerência de um texto.

Para a pesquisadora, a correferência, pela repetição ou pronominalização, é um aspecto relevante do texto, mas, a rigor, não é condição necessária nem suficiente para a coerência de uma série de enunciados, o que explica por meio dos seguintes grupos de exemplos:

1. a retomada de elementos de um texto não é condição *suficiente* para a coerência textual:

   Meu irmão não estuda nesta universidade.
   Ele não sabe que a primeira universidade alemã foi Praga.
   Em toda universidade há um número fechado de vagas. A universidade tem um laboratório lingüístico (Conte, 1977: 15).

   Analisando o exemplo proposto, a autora ressalta que a constante retomada do elemento lexical *universidade* e do sintagma nominal *meu irmão* pronominalizado não é suficiente para conferir a coerência a esses quatro enunciados;

2. da mesma forma, a retomada de elementos de um texto também não é condição *necessária* para a coerência textual:

   Todas as manhãs Carla vai à piscina.
   No inverno, aos domingos, Cláudia não fica em casa porque vai esquiar.
   E Giancarlo ganhou uma medalha de prata em Montreal.
   Todos os meus filhos são esportistas (Conte, 1977: 16).

Nesse exemplo, a estudiosa explica que a inexistência de repetições e pronominalizações não impede que os enunciados constituam um texto coerente, cuja referência é *uma mãe que fala de seus três filhos*.

Confrontando os dois exemplos propostos e examinando, particularmente, o segundo, Conte chega às seguintes conclusões:

1. que e retomada de elementos não é o único meio para estabelecer relações de coerência, sendo necessários outros tipos de coligamentos, além da correferencialidade. Entre esses tipos, estão os coligamentos de ordem lexical e os de ordem enciclopédica, que tão bem se destacam no exemplo 2, em que os elementos lexicais *piscina, esquiar* e *esportivo* tecem uma rede de relações lexicais entre os quatro enunciados. Por outro lado, o conhecimento que o falante tem do mundo (no exemplo 2, o fato de saber que a última Olimpíada mundial ocorreu em Montreal) é o responsável pela coerência desse texto;
2. que a coerência textual não se limita à sucessão linear dos enunciados, mas se projeta para uma ordem pluridimensional, ou seja, para uma ordenação hierárquica;
3. que a coerência de um texto não é independente de seu contexto pragmático, pois ela depende do lugar e tempo do discurso.

A segunda conclusão de Conte aponta para o enfoque sobre coerência dado por Van Dijk (1973). Em seu trabalho, o autor afirma, também, que uma abordagem textual deve prever além das relações interfásicas, baseado no fato de que:

> Tudo leva a crer que o sujeito falante conhece as regras subjacentes a essas relações. Sem isso, ser-lhe-ia impossível produzir enunciados textuais coerentes. Já que o sujeito falante pode produzir/interpretar um número infinito de discursos diferentes, sua competência é necessariamente uma competência textual. É muito pouco provável, e mesmo impossível, que a produção e a percepção de enunciados textuais se opere por uma concatenação não-regrada de frases isoladas. A própria noção de coerência seria inexplicável numa tal concepção (...). A noção fundamental de coerência não pode ser definida somente no nível superficial das concatenações frásicas (Van Dijk, 1973: 203-204).

Para Van Dijk, embora a maior parte dos trabalhos no âmbito da gramática textual trate dos diferentes aspectos interfrásicos, torna-se cada vez mais claro que esses são apenas uma parte dela, já que uma série de argumentos decisivos – lingüísticos e psicológicos – pode ser invocada para sustentar a hipótese de que a coerência textual é definida também num nível macroestrutural. Esse nível, identificável com a estrutura profunda de um texto, especifica um conteúdo global do texto, o qual determina a formação global de representações semânticas das frases sucessivas.

Assim, sem a macroestrutura e as regras que a sustentam, a coerência do texto seria somente superficial e linear e, conseqüentemente, não daria conta do fato de que os lexemas e as estruturas semânticas que eles representam são interpretados em relações mais globais, caracterizando o texto inteiro.

As investigações sobre a coerência textual ganham espaço em trabalho posteriormente desenvolvido por Van Dijk & Kintsch (1975). Em seus estudos, eles definem a coerência como a responsável pela boa forma teórica da base textual e ressaltam que a interpretação de um texto só é possível se sua base explícita for coerente. Desse modo, a formulação das regras de coerência – tarefa, segundo eles, crucial da gramática de texto – deve ser feita em dois níveis: no nível da base de texto linear (proporcional) e no nível da macroestrutura.

No que se refere à coerência linear, os teóricos afirmam que ela se exprime em termos de ligação entre proposições e, aí, uma das dificuldades freqüentemente encontradas diz respeito à identidade referencial: duas proposições podem estar ligadas se contiverem um termo que denote o mesmo referente.

Nesse sentido, destacam os autores que a coerência de textos não é simplesmente caso de relações de significação, mas também de relações de referência entre proposições. Por outro lado, "um discurso deve progressivamente introduzir novas informações (uma nova propriedade do mesmo elemento individual – uma nova relação, outros argumentos). É um princípio deduzido desse princípio mais geral da conversação que é a não-redundância" (Van Dijk & Kintsch, 1975: 101).

Na mesma linha proposta por Van Dijk (1973) e Van Dijk & Kintsch (1975), selecionamos também o trabalho de Charolles (1978), que parte do princípio de que a coerência se estabelece tanto no nível macroestrutural quanto no microestrutural. Esse autor afirma que no nível macroestrutural, ou global, a coerência incide nas relações que se estabelecem entre as seqüências consecutivas; no nível microestrutural, ou local, ela incide exclusivamente nas relações que se estabelecem ou não entre as frases sucessivamente ordenadas da seqüência.

Para abordar o problema da coerência, Charolles apresenta quatro metarregras como responsáveis pela boa formação textual: metarregra da repetição, da progressão, da não-contradição e da relação. Elas são assim explicadas pelo autor:

1. [Metarregra de repetição] Para que um texto seja microestruturalmente e macroestruturalmente coerente, é preciso que contenha, no seu desenvolvimento linear, elementos de recorrência estrita (...). Esta afirmação corresponde bem à idéia intuitiva que temos de um enunciado coerente, a saber: o seu caráter seqüencial, seu desenvolvimento homogêneo e contínuo, sua ausência de ruptura (Charolles, 1978: 49).
2. [Metarregra de progressão] Para que um texto seja microestruturalmente ou macroestruturalmente coerente, é preciso que haja no seu desenvolvimento uma contribuição semântica constantemente renovada. Esta segunda metarregra completa a primeira, no sentido de que ela estipula que um enunciado, para ser coerente, não pode simplesmente repetir indefinidamente seu próprio assunto (Charolles, 1978: 57).
3. [Metarregra de não-contradição] Para que um texto seja microestruturalmente ou macroestruturalmente coerente, é preciso que no seu desenvolvimento não se introduza nenhum elemento semântico que contradiga um conteúdo posto ou pressuposto por uma ocorrência anterior, ou dedutível desta por inferência (Charolles, 1978: 60).
4. [Metarregra de relação] Para que um texto seja microestruturalmente ou macroestruturalmente coerente, é preciso que os fatos que se denotam no mundo representado estejam relacionados (Charolles, 1978: 72).

A postura por nós assumida em relação a textos e, conseqüentemente, à sua coerência, leva-nos a investigar a natureza da macroestrutura e da microestrutura textuais.

3. Macroestrutura e microestrutura

Segundo Conte (1977), as noções de macroestrutura e de microestrutura têm suas origens nos trabalhos de Van Dijk, nos quais é apresentada distinção entre estrutura textual profunda e estrutura textual superficial. Colocados como equivalentes, esses tipos de estrutura, respectivamente, são assim retomados pela autora:

> A estrutura textual profunda (ou macroestrutura) está na base da estrutura textual superficial por ser a ordenação global (plano global) que rege seqüências de enunciados da estrutura superficial do texto. Os enunciados da estrutura superficial subseqüentes no texto, vice-versa, são chamados de microestruturas (Conte, 1977: 19).

Reportando-nos a um dos primeiros trabalhos de Van Dijk (1972), observamos que o autor propõe a existência das macroestruturas, com base em um estudo em que ressalta a abrangência de uma gramática de texto em relação à gramática gerativa. Ele afirma que os dois tipos de gramática em questão não se diferem essencialmente: as gramáticas de texto, especificando um número de enunciados, que são seqüências, são equivalentes às gramáticas do enunciado com esquema de regras iniciais, porque ambas contêm regras ou vínculos para as relações interfrasais e para as estruturas intrafrasais.

Van Dijk assevera que às gramáticas da frase falta um componente para a descrição das estruturas globais de um texto, isto é, das macroestruturas textuais. Sendo assim, ele levanta a necessidade de formulação de vínculos transderivacionais que constituem os textos bem formados de uma língua natural, os quais propiciam condições para as representações semânticas subjacentes às inserções lexicais, à estrutura sintática e às estruturas fonológicas e determinam as transformações de cada enunciado em uma seqüência ordenada linearmente.

Tais condições podem instaurar-se adequadamente em linguagem formal, especificando as formas lógicas dos enunciados da seqüência. O sistema formal pode ser denominado lógica textual e serve de componente de base para uma gramática textual, uma vez que deve pôr em foco as estruturas mais abstratas e globais de um texto.

Uma descrição linear não pode especificar as representações semânticas e as inserções lineares em um texto. De acordo com intuição lingüística de Van Dijk, o material semântico de um texto é organizado também em configurações mais globais. As formações das representações semânticas dos enunciados não são determinadas pelos enunciados imediatamente precedentes, mas vinculadas a um princípio global que existe para todos os enunciados de um texto ou de uma parte dele.

Para dar conta dessas importantes propriedades de coerência semântica, uma gramática textual deve ter um dispositivo para vincular as possíveis derivações para um dado texto. Com base nessas considerações, Van Dijk (1972: 184-185) ressalta que uma teoria válida das macroestruturas lingüísticas deve satisfazer os seguintes requisitos:

1. Deve ter um formalismo adequado para representar as macroestruturas, isto é, uma sintaxe/cálculo (categorias, regras, transformações) e uma semântica/interpretação.
2. Deve ter regras, ou transformações explícitas, que ponham em relação as macroestruturas com as estruturas seqüenciais dos enunciados do texto; em outras palavras, devemos conhecer como os macrovínculos efetivamente operam.
3. Deve especificar a base empírica de tais componentes gramaticais e os diversos fenômenos psicológicos e sociais do comportamento verbal do desdobramento em termos dessas macroestruturas, isto é, deve mostrar que, em qualquer sentido, as macroestruturas têm uma realidade psicológica (por exemplo, na forma de qualquer conceito cognitivo basilar).

O autor assume, assim, que as macroestruturas representam formalmente o significado global de um texto, do qual depende cada um dos enunciados locais, e destaca, assim, uma estreita relação entre macro e microestruturas textuais.

Por outro lado, ele assevera que a forma abstrata das macroestruturas não é diferente da forma da estrutura semântica de um enunciado ou de uma proposição, tendo em vista que ambas podem formular-se na mesma linguagem formal. Portanto, a diferença principal a respeito da derivação das estruturas semânticas em nível de enunciado é que esses terminam em unidade lexical, ao passo que, em macronível, ocorrem apenas derivações abstratas dos predicados de base.

Diante da especificação da macroestrutura subjacente a um texto, há a necessidade de formular regras e de relacioná-las com a estrutura do enunciado, atentando-se para o fato de que a relação semântica no interior do enunciado não pode contradizer aquela subsistente na macroproposição.

Um outro argumento de que Van Dijk lança mão para enfatizar a importância da macroestrutura dos estudos textuais está relacionado à Psicolingüística e à Psicologia. Para ele, a organização do comportamento complexo mais alto e, pois, de todo tipo de comportamento verbal não tem caráter linear, mas é essencialmente baseada numa estratégia global, governada por regras ou programas verdadeiros para o processo de produção e de recepção.

As estruturas subjacentes abstratas elaboradas são de natureza semântica. Os processos cognitivos lingüísticos têm uma base semântica e, na memória, vem pensada não a estrutura sintática de um enunciado, mas somente sua estrutura de base. Os planos sintáticos são determinados pelos planos semânticos.

Van Dijk salienta que tanto na produção quanto na recepção de textos a macroestrutura desempenha um papel fundamental: na recepção, fazemos uma idéia global do que é dito, construindo planos semânticos globais; na produção, primeiro formamos um plano semântico global, para depois podermos falar e/ou escrever coerentemente.

A esse respeito, o estudioso lembra que os testes sobre memorização de narrativas demonstram que o que se memoriza é a trama ou idéia central, uma espécie de resumo, de sumário, e chama a atenção para um importante campo da pesquisa: descobrir como é possível construir tais resumos.

A conclusão a que Van Dijk chega sobre o conceito de macroestrutura textual é a de que essa tem um papel central na organização de nosso comportamento verbal e, em geral, de nosso comportamento cognitivo.

Maior contribuição encontramos para o estudo das macro e microestruturas textuais em pesquisa desenvolvida, posteriormente, por Van Dijk & Kintsch (1975), na qual são investigados o resumo e a lembrança de histórias, cujos elementos essenciais reclamam:

1. uma teoria da estrutura e da compreensão de proposições e de seqüências de proposições (microestruturas);
2. uma teoria da estrutura e da compreensão de unidades mais globais de um discurso (macroestruturas);
3. uma teoria religando as micro às macroestruturas, inserida em uma teoria da redução da informação semântica complexa;
4. uma teoria da narrativa que dê conta das estruturas específicas das histórias, ligada a uma lógica da ação e do discurso da ação;
5. um quadro teórico maior, no qual as aptidões lingüísticas e narrativas são relacionadas com outras aptidões cognitivas (percepção, raciocínio, ação etc.).

Os autores concentram sua atenção sobre a estrutura semântica dos discursos, isto é, sobre a estrutura lógica abstrata subjacente a eles, e não tratam nem de situações pragmáticas, nem de estruturas de superfície – morfológicas e sintáticas –, o que justificam pelo objetivo a que se propõem: estabelecer as regras e os princípios de redução da informação semântica complexa e as relações entre macro e microestruturas. Nesse sentido, dão especial destaque às macroestruturas, definindo-as como a estrutura de significação global do texto, em contraposição às microestruturas, que consistem em sua estrutura proposicional linear.

Ao tratarem da oposição microestrutura x macroestrutura, tais teóricos ressaltam que um texto não se reduz à seqüência das frases que o constituem e, assim, o que garante sua interpretação, lembrança e estocagem é a estrutura de conjunto, ou seja, sua macroestrutura. Eles afirmam que:

> Nós representamos as significações como as proposições, e uma macroestrutura é, pois, também, uma seqüência de proposições. Isto é, não há diferença formal entre a microestrutura e a macroestrutura de um texto, pelo menos nessa relação. Uma implicação cognitiva importante dessa suposição é que podemos utilizar as mesmas categorias e regras (ou seus mecanismos cognitivos) para construir e interpretar uma proposição subjacente a uma frase e uma (macro) proposição subjacente a todo um texto (Van Dijk & Kintsch, 1975: 101).

Van Dijk & Kintsch enfatizam que uma macroestrutura, bem como o resumo que a exprime, não tem de, necessariamente, ser constituída de proposições que aparecem no texto, já que ela pode resumir uma seqüência inteira de proposições. Eles também salientam que existem vários níveis de macroestruturas, uma vez que há a possibilidade de fixarmos, por uma dada macroestrutura, outra mais global, e exemplificam essa afirmação comparando, no caso de romance, o resumo que podemos fazer de algumas páginas, de um capítulo ou da obra toda.

Em relação às regras que projetam as bases de texto proposicionais sobre a macroestrutura, os pesquisadores asseveram que elas são conhecidas somente em parte e que, em geral, devem satisfazer o princípio de implicação, ou seja, cada macroestrutura deve ser implicada pela estrutura da qual é derivada. No entanto, essas regras não são lógicas no sentido estrito: uma macroestrutura resulta do texto, mas não de forma dedutiva, pois ela é igualmente uma interpretação indutiva de um texto.

Podemos, então, fixar uma macroproposição, embora muitas proposições que lhe sejam necessárias não apareçam nas bases do texto, e, assim, o texto pode possuir muitas macroestruturas do mesmo nível. De acordo com os autores, "o princípio de implicação, as regras que operam sobre as microestruturas e que constroem as macroestruturas devem respeitar um princípio de pertinência relativa: nenhuma proposição pode ser suprimida se ela é uma pressuposição de uma macroproposição" (Van Dijk & Kintsch, 1975: 102).

Ao estabelecerem a base desses dois princípios, Van Dijk & Kintsch formulam sobre ela algumas regras provisórias de redução da informação semântica – macrorregras, posteriormente também tratadas por Sprenger-Charolles (1980), sobre as quais falaremos mais à frente.

Importante, ainda, para a abordagem da macroestrutura é a contribuição de Charolles (1978), o qual, com base nos estudos de Van Dijk, explica que:

> Chama-se macroestrutura de uma seqüência a(s) proposição(ções) de superfície obtida(s) depois de um certo número de regras de redução (macrorregras de generalização, de apagamento, de integração e de construção) terem sido aplicadas sobre a seqüência de frases que a compõe (Charolles, 1978: 48).

Finalmente, registramos a conclusão de Van Dijk (1980: 22-23):

> As macroestruturas semânticas são as estruturas semânticas de um nível superior derivadas de seqüências proposicionais do texto por meio das macrorregras. As macroestruturas definem a noção intuitiva de sentido global, de tema ou de sujeito da discussão de um texto ou de fragmento de texto. Não se pode definir tais estruturas de sentido, simplesmente, em termos de sentido de frases isoladas, ou de seqüência de frases.
> As macroproposições de um texto organizam seu sentido, de tal sorte que se pode saber o que o texto significa globalmente, qual sua mensagem.

Ao longo das discussões sobre macro e microestruturas textuais, há entre esses dois níveis, num plano intermediário, um processo que se constitui em uma etapa indispensável à análise textual, sobre o qual devemos também discorrer: o processo de redução da informação semântica do texto.

4. Macrorregras de redução da informação semântica

A redução da informação semântica do texto, segundo Van Dijk & Kintsch (1975) e Sprenger-Charolles (1980), é um processo que requer o conhecimento e a aplicação de algumas macrorregras, assim explicitadas por Van Dijk e Kintsch:

Macrorregra 1 – da Generalização

Permite a substituição de duas ou mais proposições por uma proposição que as englobe.
Exemplo: João tem gripe (microestrutura 1)
Ele tem febre (microestrutura 2).

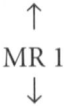

$$\uparrow \\ MR\ 1 \\ \downarrow$$

João está doente (macroestrutura).

Macrorregra 2 – da Supressão

Permite suprimir as informações de detalhe.
Exemplo: Maria brincava com uma bola azul.

$$\uparrow \\ MR\ 2 \\ \downarrow$$

Maria brincava com uma bola.

Macrorregra 3 – da Integração ou da Construção

Permite a integração ou a construção de informações de ordem inferior, no seio de uma unidade de nível mais geral ou superior.
Exemplo: Pedro construiu paredes.
Pedro construiu um teto.

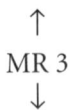

$$\uparrow \\ MR\ 3 \\ \downarrow$$

Pedro construiu uma casa.

Tais macrorregras permitem a criação de macroproposições, tanto com informações presentes no texto – no caso das duas primeiras – quanto com novas construções – no caso da terceira.

Assim como Van Dijk & Kintsch, Sprenger-Charolles compreende que o que o permite engendrar a macroestrutura do texto é uma teoria de redução da informação, baseada nas microestruturas. A autora, ao abordar essa teoria, repropõe as macrorregras em quatro subdivisões:

1. macrorregra de apagamento;
2. macrorregra de integração;
3. macrorregra de construção;
4. macrorregra de generalização.

O enfoque dado por essa estudiosa ressalta o caráter de recursividade das macrorregras, na medida em que essas podem ser aplicadas várias vezes, o que explica, por exemplo, o fato de um texto poder gerar vários resumos.

Para Van Dijk & Kintsch e Sprenger-Charolles, um outro nível de estruturação que facilita a aplicação das macrorregras é o das superestruturas tipológicas, e sobre ele discorreremos a seguir.

5. Superestrutura textual

Conforme observa Van Dijk (1980), as superestruturas textuais são estruturas globais que se assemelham a um esquema. Desse modo, diferem das macroestruturas, pois não determinam um conteúdo global, mas sim a forma global do texto, definida em sintaxe, em termos de categorias esquemáticas. Para melhor situar esse conceito, o autor utiliza o exemplo da narrativa, cuja superestrutura é formada pelas categorias de exposição, complicação, resolução e moral da história.

Sprenger-Charolles (1980) conceitua as superestruturas textuais como estruturas convencionais e tipológicas, responsáveis pela forma do texto (ou seja, pelo tipo de texto – narrativo, argumentativo, poético). Ela também recorre ao exemplo da narrativa – proposto pelos formalistas russos e revisto por vários outros –, cujas categorias, segundo Labov e Waletsky, são: exposição, complicação, resolução e evolução ou avaliação. Além disso, discute a superestrutura do texto argumentativo, para o qual são propostas as categorias de: tese anterior ou premissa, argumentos e conclusão.

A pesquisadora ressalta que a superestrutura textual funciona como um tipo de esquema abstrato, pelo qual se pode preencher os vazios com o investimento semântico próprio de cada texto e, portanto, orienta a construção das macroestruturas textuais.

Silveira (1985), remetendo-se a Van Dijk e Sprenger-Charolles, enfatiza que a estrutura esquemática textual – superestrutura – controla a formação das macroproposições e determina se o texto está completo ou interrompido. Em seguida, salienta a importância do conhecimento dos esquemas estruturais para os produtores de texto.

Mais recentemente, Van Dijk (1986) traz, baseado em um estudo específico sobre a estrutura do texto jornalístico, uma importante contribuição à pesquisa da superestrutura textual, que revela uma nova postura nas investigações. Ele confirma conclusões de estudos anteriores, de que a noção de superestrutura está relacionada à noção de esquema e de categoria textual, tal como as categorias da narrativa, por exemplo. Assim, esquemas textuais, superestruturas e categorias de um texto são noções que ele usa, alternadamente, no mesmo sentido de emprego.

O autor afirma que, nas reportagens de notícias na imprensa, normalmente são encontradas categorias esquemáticas iniciais, convencionais e bem conhecidas, que são *a manchete* e *o título*, as quais o leva a acreditar que "também o corpo da reportagem exibe organização esquemática" (Van Dijk, 1986: 155). Ele argumenta que há um conjunto de categorias típicas de notícias, bem como regras para sua ordenação num esquema global. Tais categorias são relacionadas ao conteúdo global – às macroestruturas temáticas – do discurso de notícia.

Sendo assim, os estudos do pesquisador esclarecem que é empírica e teoricamente garantida a existência de um esquema de notícias, que pode ser descrito como propriedades estruturais abstratas do discurso, como representações e como sistemas de regras compartilhadas socialmente.

Van Dijk (1986: 156) destaca que é comprovada a existência da vários tipos de textos, tais como histórias, textos científicos ou documentos, em função de possuírem diferentes padrões esquemáticos convencionalizados e que, "uma vez explicitadas as regras, estratégias e categorias da organização esquemática do discurso escrito, é possível exercer um papel normativo na fundação de programas concretos de escrita para esses tipos de discurso".

Apontando para a importância do esquema textual, esse teórico faz uma pequena retrospectiva dos estudos que trataram da questão, lembrando que a maioria dos primeiros trabalhos sobre esquematização em discursos escritos ou falados relaciona-se às *histórias*. Ele ressalta que a estrutura do drama ou das novelas, analisada desde a época de Aristóteles, do ponto de vista literário, passou a ser, nos anos 60/70, objeto de estudo das várias disciplinas que se detiveram nas categorias narrativas convencionais e suas organizações em histórias, como pode ser comprovado, por exemplo, no trabalho de Propp, datado de 1958. Um vasto número de estudos, especificamente, em Psicologia Cognitiva, centralizou-se na natureza cognitiva e estrutural das histórias e em sua compreensão.

Nessa linha retrospectiva, Van Dijk (1986: 157) recupera a noção de esquema de Bartlett (1932)[1], utilizando-a para se referir à organização mental de nossas experiências acumuladas, isto é, à estrutura de nosso conhecimento, e resume: "a noção de esquema tem sido usada em vários sentidos diferentes, mas normalmente denota alguma organização específica do conhecimento".

Adentrando a natureza propriamente dita das superestruturas textuais, Van Dijk (1986: 158) afirma que essas são definidas por categorias formais e por um conjunto de regras de formação, as quais definem que superestruturas de um determinado gênero de discurso são bem formadas. Dessa forma, ele retoma que:

> Para narrativas, pressupomos que o esquema de praxe deva pelo menos caracterizar um cenário, uma complicação e uma resolução, nessa ordem. De modo similar, o discurso argumentativo habitualmente exibe diversas categorias premissas e uma categoria conclusão; no caso padrão, a conclusão se segue às premissas (e delas deriva). Nos esquemas das notícias, as categorias Manchete e Texto Introdutório obviamente precedem as demais. As estruturas de praxe podem transformar-se pela aplicação de regras específicas. Nas narrativas literárias, por exemplo, freqüentemente encontramos histórias que começam 'in media res' (no meio), isto é, começam com um fragmento da complicação ou da conclusão. No debate cotidiano, também, uma conclusão pode preceder as premissas dadas para fundamentá-la. Cada cultura convenciona suas categorias e regras; histórias de uma cultura podem ser mais difíceis para a compreensão dos membros de outras culturas. Superestruturas esquemáticas, portanto, são formas convencionais que caracterizam um gênero específico de discurso.

As superestruturas são as responsáveis pela disposição das seqüências textuais, designando, assim, funções específicas para tais seqüências. Elas não estão, pois, diretamente relacionadas a palavras, sentenças ou a seus significados, uma vez que organizam unidades de nível mais alto. Por isso, segundo o autor, é necessária uma ligação entre o esquema textual e sua manifestação em palavras e sentenças, a qual se estabelece em duas etapas.

---

[1] BARTLETT, F. C. (1932). *Rememberring: an experimental and social study*. London: Cambridge University Press, *apud* VAN DIJK (1986: 156).

A primeira delas consiste no preenchimento do esquema global com o conteúdo global, quase como se as estruturas sintáticas de uma sentença fossem interpretáveis como estruturas semânticas, sendo esse conteúdo global definido pelos tópicos ou pelos temas do texto; teoricamente, dele dão conta as estruturas semânticas.

Para situar o conteúdo global do texto, Van Dijk retoma o conceito de episódio – *seqüência coerente de proposições* –, afirmando que cada episódio se refere a uma macroproposição, a qual, por sua vez, participa de uma macroestrutura organizada hierarquicamente. Dessa forma, as macroproposições podem ser vistas como o sumário semântico de toda a seqüência. Elas derivam das proposições expressas no texto pelas macrorregras, que excluem, generalizam ou constroem, respectivamente, as informações.

A segunda etapa da ligação entre esquemas e estruturas textuais de superfície consiste, por conseguinte, na ligação estabelecida pelas macrorregras entre as microestruturas semânticas de sentenças e as macroestruturas. Categorias esquemáticas, tais como *sumário, introdução, conclusão* ou *resolução*, atribuem funções a macroproposições inferidas das seqüências de proposições expressas nas sentenças de um texto. A complicação de uma história, por exemplo, pode consistir em muitas sentenças, exprimindo muitas proposições, mas é apenas o episódio todo que funciona como uma complicação e não as proposições individuais ou sentenças.

Cada categoria do esquema é preenchida por um ou mais temas e cada tema é especificado por um episódio, o qual é finalmente expresso por uma seqüência de sentenças. No caso do texto *notícia de jornal*, Van Dijk, considerando que esse possui uma "ordenação por importância" das informações (Van Dijk, 1986: 170), ressalta que há uma estratégia de produção específica a ele, que coloca em primeiro lugar a *informação mais importante ou relevante*, seguida dos *eventos principais*, dos *antecedentes circunstanciais e históricos*, das *conseqüências* e dos *comentários*.

Vejamos, a seguir, como Van Dijk propõe a representação esquemática para a superestrutura do texto de notícia.

A importância do conhecimento das superestruturas textuais foi bastante enfatizada pelos autores que trataram da questão, seja para a produção, seja para a recepção de textos. Ao abordarem os diferentes tipos textuais em suas considerações, os estudiosos do assunto arrolaram superestruturas de vários tipos de texto, como do narrativo, do argumentativo e daquele referente à notícia de jornal, evidenciando-se, assim, uma lacuna em relação ao descritivo, no âmbito dos estudos teóricos sobre a tipologia de textos.

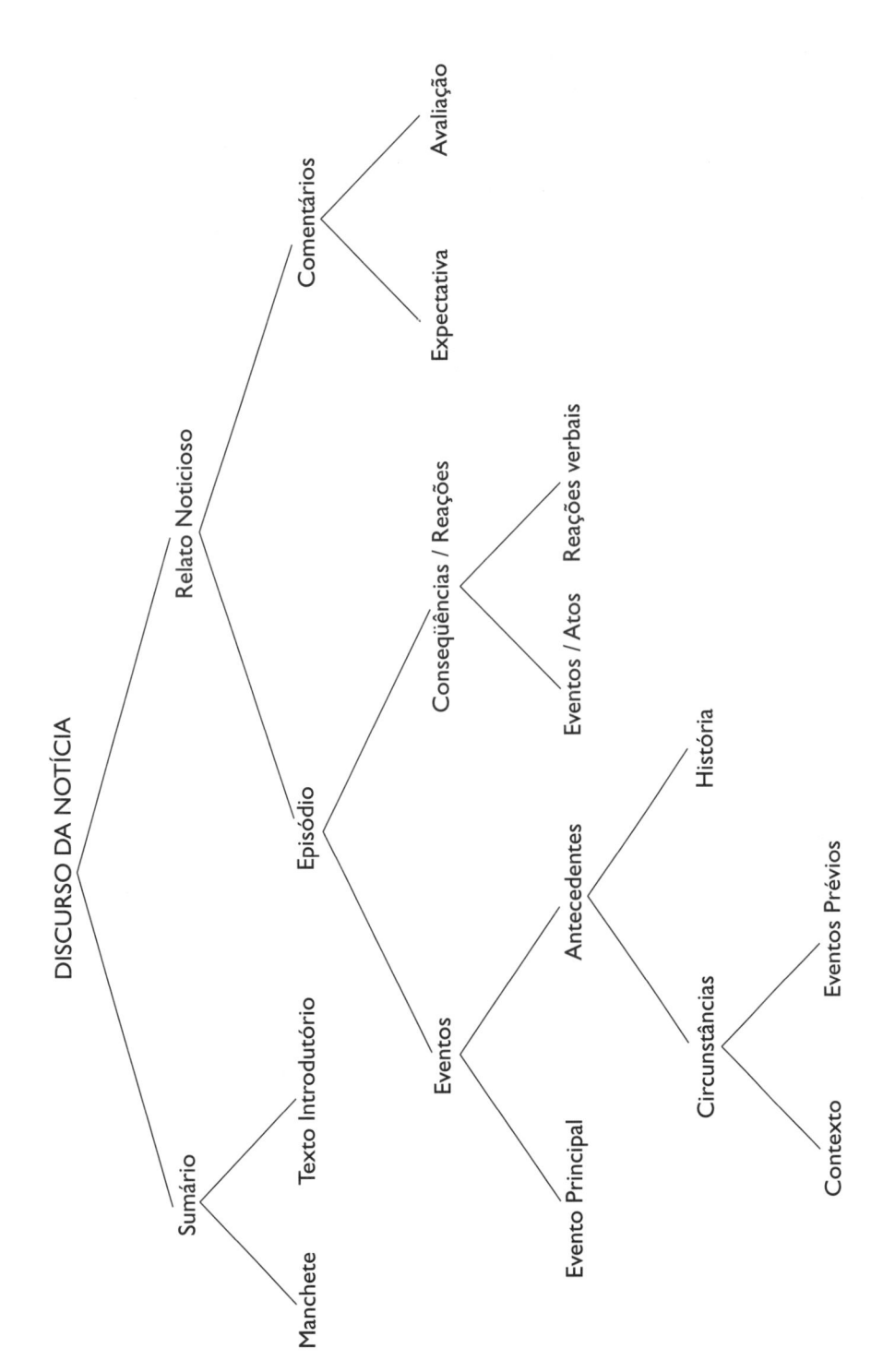

A ORGANIZAÇÃO DO TEXTO DESCRITIVO EM LÍNGUA PORTUGUESA   43

DISCURSO DA NOTÍCIA
├── Sumário
│   ├── Manchete
│   └── Texto Introdutório
└── Relato Noticioso
    ├── Episódio
    │   ├── Eventos
    │   │   ├── Evento Principal
    │   │   └── Antecedentes
    │   │   ├── Circunstâncias
    │   │   │   ├── Contexto
    │   │   │   └── Eventos Prévios
    │   │   └── História
    │   └── Conseqüências / Reações
    │   ├── Eventos / Atos
    │   └── Reações verbais
    └── Comentários
        ├── Expectativa
        └── Avaliação

Cabe-nos ressaltar, mais uma vez, antes de adentrarmos o estudo do descritivo propriamente dito, que reconhecemos o fato de, na produção textual – leitura ou redação –, ser indispensável a articulação entre texto e discurso; acreditamos, porém, que a tarefa relativa à busca da superestrutura do descritivo justifica nossa proposta dentro de sua delimitação.

CAPÍTULO II

O descritivo: limites e perspectivas

1. Considerações gerais

Proceder à revisão de trabalhos especificamente referentes ao descritivo constituiu-se numa etapa árdua, devido à escassez bibliográfica e ao difícil acesso aos textos existentes. Enquanto o narrativo e o argumentativo, como é do saber comum, foram objetos de preocupação de vários pesquisadores em momentos diferentes da história da Lingüística, o descritivo ficou relegado a um segundo plano. Assim, para demarcar nosso percurso sobre os estudos existentes, refletir sobre eles e detectar aqueles que impedissem o risco do lugar-comum, traçamos o caminho a seguir.

Num primeiro momento, justificado pelo fato de nosso objeto de estudo ter-se definido na sala de aula, tivemos o cuidado de examinar diferentes manuais de redação, a fim de verificar o tratamento dado ao descritivo. Nesse âmbito, Garcia (1976), André (1978), Felizardo (1978), Sodré & Ferrari (1978), Almeida (1979), Brait et al. (1980), Rocha Lima & Barbadinho (1980), Morassi & Caramello (1982), Medeiros (1983), Soares & Campos (1984), Barros (1985), Martinez (1985), Tufano (1985) e Faraco & Moura (1986) constituíram o conjunto de obras objeto desse exame preliminar, que revelou um tratamento centrado no enfoque pedagógico para a descrição como um tipo de redação, ao lado da narração e da dissertação. A exclusividade dessa abordagem determinou nossa opção por não fazer constar neste capítulo o conteúdo por elas apresentado.

Num segundo momento, partimos para o levantamento bibliográfico de trabalhos científicos sobre o tema, que nos indicou a existência de algumas pesquisas desenvolvidas na França e, posteriormente, dois trabalhos realizados no Brasil. A resenha crítica e a análise desse material levaram-nos ao perfil do descritivo, revelando alguns trabalhos de cunho teórico e outros de cunho analítico e pedagógico, todos eles propiciadores de elementos relevantes para a elaboração de um esquema textual do descritivo.

Em relação aos trabalhos de cunho teórico, Hamon evidenciou-se como desencadeador do estudo do descritivo, primeiro com um artigo publicado em

1972 – *Qu'est-ce q'une déscription*[2], resultante de uma análise em narrativas, e depois com uma obra datada de 1981 – *Introduction a l'analyse du descriptif* – na qual, ainda enfocando o descritivo dentro da narrativa, já preconizava a existência de uma competência descritiva.

Após Hamon, e fazendo inclusive referência a seus trabalhos, dedicaram-se também a estudar o descritivo do ponto de vista teórico Adam & Petitjean, em trabalhos em conjunto – *Introduction au type descriptif* e *Les enjeux textuels de la description*, ambos de 1982, e Adam, em trabalho individual – *Approche linguistique de la séquence descriptive*, datado de 1987.

Entre trabalhos de cunho analítico, voltados principalmente para a análise do descritivo e sua função na Literatura, encontramos os de Petitjean – *Fonctions et fonctionnements de la description représentative: l'exemple des paysages* –, de Vinson – *Description et point de vue: un travail de lecture/écriture au Collège* –, de Duhamel & Masseron – *Trois machines romanesques* – e de Reuter – *Descriptions de femmes – atelier descripture* –, todos publicados em 1987.

Em relação aos trabalhos de cunho pedagógico, destacou-se o de Haas & Lorrot – *Pédagogie du texte descriptif*, também datado de 1987.

Quanto aos dois trabalhos realizados no Brasil – *Elementos de tipologia do texto descritivo* (Neis: 1986) e *Contribuição a uma tipologia textual* (Fávero & Koch: 1987) – ambos advêm de pesquisadores da Lingüística Textual que, preocupados com o desenvolvimento da tipologia de textos, especificamente do tipo descritivo, ressaltam o quanto ainda está por ser feito na área.

A esses pesquisadores, acrescentamos Genette e Ricardou, que, em trabalhos dedicados à narrativa – *Frontiers du récit*[3] e *Le nouveau roman*, respectivamente editados em 1966 e 1973 –, já haviam feito alusão ao descritivo.

2. Do narrativo para o descritivo

A necessidade de se definir o descritivo como unidade textual teve suas origens em pesquisas desenvolvidas no campo da narrativa. Situam-se entre elas os trabalhos de Genette (1966), Ricardou (1973) e de Hamon (1972), que, embora mais tarde viesse a se dedicar ao estudo do descritivo propriamente dito, caracterizando-se como o desencadeador das investigações teóricas sobre esse tipo de texto, teve em seu primeiro trabalho uma preocupação centrada na análise da narrativa.

---

[2] Neste trabalho, consultamos a versão em português do referido artigo.
[3] Revisamos a versão em português do referido trabalho.

A respeito do trabalho de Genette (1966), o espaço por ele concedido ao descritivo delimitou-se em função de sua abordagem sobre as fronteiras da narrativa. Assim, tendo por ponto de partida o texto narrativo, o autor insere a discussão sobre o descritivo, estabelecendo uma comparação entre os dois tipos para, em seguida, tecer comentários sobre a natureza do descritivo. Sua afirmação inicial é a de que:

> Toda narrativa comporta, com efeito, embora intimamente misturadas e em proporções muito variáveis, de um lado representações de ações e de acontecimentos, que constituem a narração propriamente dita, e de outro lado representações de objetos e personagens, que são o fato daquilo que se denomina hoje a descrição (Genette, 1966: 262).

Como sistema de representações de objetos e personagens, afirma o autor que a descrição é mais indispensável que a narração, pelo fato de ser mais fácil descrever sem narrar; "em princípio, é evidentemente possível conceber textos puramente descritivos, visando a representar objetos em sua única existência espacial, fora de qualquer acontecimento, e mesmo de qualquer dimensão temporal" (Genette, 1966: 263).

Genette critica o fato de o estudo das relações entre o narrativo e o descritivo reduzir-se à consideração da descrição apenas no que se refere ao papel representado pelas passagens em aspectos descritivos na economia geral da narrativa. Mesmo sem entrar em detalhes, o autor resgata as duas funções relativamente distintas da descrição na tradição literária clássica (de Homero ao fim do século XIX):

> A primeira é, de certa forma, de ordem decorativa. Sabe-se que a Retórica tradicional classifica a descrição, do mesmo modo que as outras figuras de estilo, entre os ornamentos do discurso: a descrição longa e detalhada apareceria aqui como uma pausa e uma recreação na narrativa, de papel puramente estético, como o da escultura de um edifício clássico.
> (...)
> A segunda grande função da descrição, a mais claramente manifestada hoje, porque se impôs, com Balzac, na tradição do gênero romanesco, é de ordem simultaneamente explicativa e simbólica: os retratos físicos, as descrições de roupas e móveis, em Balzac, e seus sucessores realistas, a revelar e ao mesmo tempo a justificar a psicologia dos personagens dos quais são ao mesmo tempo signo, causa e efeito. A descrição torna-se aqui o que não era na época clássica, um elemento maior de exposição (Genette, 1966: 264-265).

Fundamentado nessas considerações sobre o descritivo e seu papel na narrativa, o estudioso observa que as diferenças que separam a descrição da narração são de conteúdo, não tendo propriamente uma existência semiológica. Ele afirma que a narração se liga a ações ou acontecimentos considerados como processos puros e por isso mesmo o aspecto temporal e dramático da narrativa é acentuado. Já a descrição, ao contrário, uma vez que se demora sobre objetos e seres considerados em sua simultaneidade e focaliza os processos como espetáculos, parece suspender o curso do tempo e contribuir para espalhar a narrativa no espaço.

Em relação a essa diferença traçada, conclui o autor que, embora narrar e descrever possam exprimir atitudes antiéticas diante do mundo e da existência, uma mais ativa e outra mais contemplativa, respectivamente, narrar um acontecimento e descrever um objeto são duas operações semelhantes, que põem em jogo os mesmos recursos de linguagem.

O trabalho de Genette reflete claramente que o autor já intuía a existência de um descritivo como organização autônoma, independente da narrativa, e, portanto, com um estatuto semelhante ao desta última. Sua conclusão de que narrar e descrever põem em jogo os mesmos recursos de linguagem leva-nos a propor, dentro de uma visão textual, que as duas operações em questão põem em jogo os mesmos recursos textuais, o que conferiria ao descritivo um estatuto de tipo de texto, com características próprias e em pé de igualdade com o narrativo, nunca em posição subalterna, como tem sido visto.

Quanto ao trabalho de Hamon (1972), também pertencente à fase ainda embrionária dos estudos sobre o descritivo, igualmente centrado nas investigações a respeito da narrativa, o primeiro ponto que nos chama atenção é o fato de a descrição ser caracterizada como uma *unidade específica*. O autor atribui a essa modalidade alguns *matizes* que, conforme declara, possibilitam a qualquer leitor identificá-la:

– Forma um todo autônomo, uma espécie de bloco semântico.
– É, mais ou menos, complemento aperitivo da narrativa.
– Insere-se livremente na narrativa.
– É desprovida de signos ou marcas específicas.
– Não é objeto de nenhuma imposição a *priori* (Hamon, 1972: 57).

Todavia, apesar de tais características, ele ressalta que o leitor é incapaz de identificá-la da ótica regida por critérios formais e/ou funcionais precisos, pois, normalmente, o único critério invocado é "vagamente referencial (a descrição descreve coisas, a narrativa, atos) ou morfológico (a descrição usa adjetivos e a narrativa, verbos)" (Hamon, 1972: 57).

Para enfatizar a insatisfatoriedade quanto às abordagens feitas sobre a descrição, o teórico refere-se à Retórica Clássica, afirmando que também ela em nada nos ajuda na definição dessa modalidade, já que sua preocupação consiste em repertoriar as figuras ou tropos de dimensão microscópica (metáfora, sinédoque, zeugma, oxímoron etc.). No sentido de reforçar ainda mais essa insatisfatoriedade, ele apresenta uma definição dada por Fontanier, em *Figures du discours* (Flammarion, *apud* Hamon, 1972: 57):

> [a descrição] consiste em expor um objeto aos olhos e em fazê-lo conhecer pelo pormenor de todas as circunstâncias mais interessantes (...); dá lugar à hipotipose quando a expressão do objeto é tão viva, tão enérgica que daí resulta no estilo uma imagem, um quadro.

Criticando a imprecisão das definições, Hamon afirma ser possível definir provisoriamente a descrição como uma expansão da narrativa, um enunciado contínuo ou descontínuo do ponto de vista dos predicados e dos temas cujo fechamento não abre nenhuma imprevisibilidade para o seguimento da narrativa. Tal definição o conduz a levantar três problemas que merecem um tratamento de sua parte:

1. o modo pelo qual a descrição se insere num conjunto textual mais vasto, que leva à reflexão sobre se haveria signos demarcativos, introdutores e conclusivos da descrição;
2. o modo pelo qual a descrição, como unidade destacável, funciona interiormente e assegura a sua coesão semântica;
3. o seu papel, em geral, no funcionamento global de uma semântica.

Para abordar esses problemas, o autor recorre a exemplos retirados de Zola, considerado o próprio tipo do autor realista-descritivo. Nos exemplos, a descrição é focalizada como um modo de *ver*, de *falar* ou de *agir* dos personagens-descritores, como em *Certas paisagens de subúrbio da confession de Claud*, que assim se oferecem à descrição: "o que me rodeava, ruas, casas, céu, parecia-me ter sido cuidadosamente limpo. Os horizontes eram lavados, – como novos, brancos de limpidez e de luz" (Hamon, 1972: 59).

Hamon ressalta o fato de que a descrição, antes de começar, deve ser justificada, caracterizando-se, pois, por um preenchimento verossimilhante, em que é necessário introduzir um personagem que olhará o objeto a ser descrito. Dessa perspectiva, levanta um certo número de marcas introdutórias, cuja função é evitar um hiato entre descrição e narração e preencher interstícios da narrativa, tornando verossímeis as descrições. Tais marcas, também exemplificadas em trechos de Zola, poderiam ser: o desaparecimento da luz, o fechamento de uma porta ou janela, a chegada de uma personagem esperada etc.

Em função dessas análises, define, finalmente, o estudioso que:

> uma descrição resulta freqüentemente da conjunção de uma ou várias personagens (P) com um cenário, um meio, uma paisagem, uma coleção de objetos. Esse meio, tema introdutor da descrição (T-I), desencadeia o aparecimento de uma série de subtemas, de uma nomenclatura (N) cujas unidades constitutivas estão em relação metonímica de inclusão com ele, como que uma metonímia linear: a descrição de um jardim (tema principal introdutor) suporá quase necessariamente a enumeração das diversas flores, áleas, canteiros, árvores, utensílios, etc., que constituem esse jardim. Cada subtema pode igualmente dar lugar a uma expansão predicativa, ou qualificativa ou funcional (PR), que funciona como uma glosa desse subtema (Hamon, 1972: 65).

Com base nessa definição, o autor propõe a seguinte fórmula: P + F + T − I (N + PRq/PR-f), em que F tem, na maioria das vezes, a forma: olhar/, falar de/, /agir sobre/, sendo que cada uma das unidades pode estar mais ou menos disjunta das outras, ou estar ausente, ou pode permutar.

No que se refere ao conteúdo da descrição, o teórico explicita que esse se apresenta como um conjunto lexical metonimicamente homogêneo, cuja extensão está ligada ao vocabulário disponível do produtor do texto. Situando a questão de um léxico especializado, Hamon faz também referência à descrição técnica, em oposição à descrição não técnica, colocando outros dois princípios da descrição: o da legibilidade e o da ilegibilidade; assim, quanto mais especializado for o léxico (no caso da descrição técnica), maior tendência para a ilegibilidade terá a descrição.

Quanto ao papel que a descrição desempenha na economia global da narrativa, o autor atribui a ela um lugar privilegiado, na medida em que pode organizar ou destruir a legibilidade de toda a narrativa, em função de se apresentar como *"uma espécie de rede semântica fortemente organizada"* (Hamon, 1972: 73 – grifos nossos).

As considerações finais de Hamon nesse trabalho deixam clara sua intenção de abordar a descrição como unidade a serviço da narrativa, entretanto já prenunciava as características de uma organização textual que mais tarde o levariam a propor uma "análise do descritivo", mais do que "análise da descrição" (Hamon, 1981: 5).

No trabalho de Ricardou (1973), pudemos observar uma crítica às descrições em narrativas, devido à exaustividade com que ocorrem na maioria das vezes. No entanto, mesmo fazendo essa crítica, o autor propõe um esquema sobre essa modalidade, que muito contribuiu para pesquisas posteriores sobre o descritivo[4], tendo partido, em suas considerações, da seguinte caracterização: "a descrição constitui um recorte no seu referente, e sua disposição lógica é uma arborescência" (Ricardou, 1973: 125).

Para propor o referido esquema, ele atribui a todo objeto descrito três ordens de grandeza como constituintes de seus elementos básicos: sua situação, suas qualidades e seus elementos, conforme explicitado a seguir:

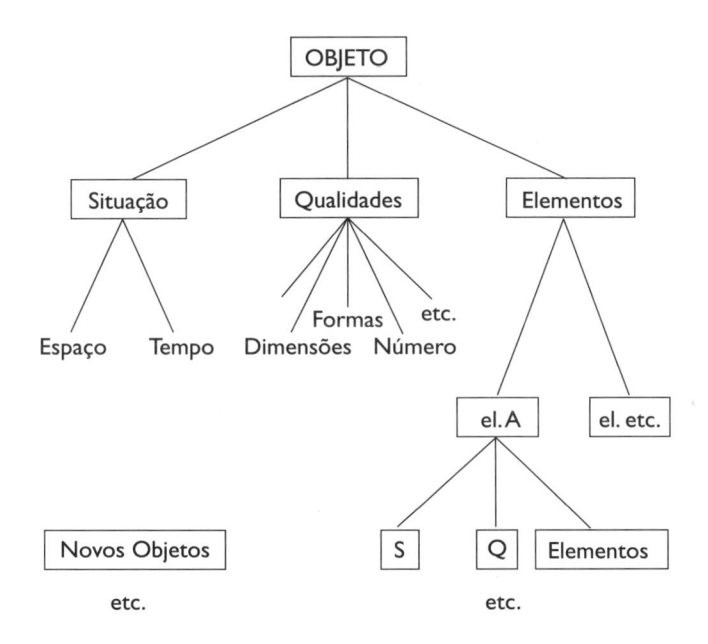

```
                        OBJETO
            /             |            \
       Situação       Qualidades     Elementos
        /   \         / | \ \           /  \
    Espaço Tempo  Formas  etc.       el.A   el. etc.
                 Dimensões Número    / | \
                                    /  |  \
                          Novos   S    Q   Elementos
                         Objetos
                           etc.         etc.
```

Os três estudos até aqui apresentados – Genette (1966), Hamon (1972) e Ricardou (1973) – revelam que, nesse primeiro momento, a descrição começava timidamente a demarcar – partindo das fronteiras da narrativa – o território do descritivo.

3. Descritivo: possibilidade de uma teoria?

A demarcação de território do descritivo favoreceu, sem dúvida, o nascimento de pesquisas que viriam a abordá-lo do ponto de vista teórico e funcional, passível de ser considerado como um tipo de texto e em condição, portanto, de igualdade com outros tipos já definidos.

---

[4] Veremos mais adiante as pesquisas de Adam & Petitjean (1982) e de Adam (1987).

Partindo desse enfoque, como já mencionamos na introdução do presente capítulo, fixou-se como pioneiro da pesquisa sobre o descritivo propriamente dito Hamon, que, em 1981, ao publicar *Introduction au type descriptif*, de início, assim situa essa modalidade: "análise do descritivo mais do que análise da descrição (...). Trata-se de circunscrever um certo efeito de texto (...),o colocar na memória, o arquivar do já lido e do já visto, a equivalência, a hierarquia..." (Hamon, 1981: 5).

O autor retoma algumas questões já levantadas em 1972, definindo outras tantas em função da hipótese por ele proposta, a qual foi assim colocada:

> O descritivo é um modo de ser dos textos, no qual se manifesta uma teoria mais ou menos implícita, mais ou menos selvagem da língua, no qual se coloca em cena uma utopia lingüística, aquela da língua como nomenclatura, aquela da língua cujas funções se limitariam a denominar ou a designar termo a termo o mundo, de uma língua monopolizada por sua função referencial de etiquetagem do próprio mundo, recortado em unidades (Hamon, 1981: 6).

Baseado nessa hipótese, ele afirma que o descritivo possui características próprias, entre as quais modos de desvio metafórico e metonímico, que

> tendem a convocar no texto posturas de escritor e de leitor (descritor/descritário) particulares e certamente a acentuar e a solicitar prioritariamente uma competência lingüística deste último, constituindo toda descrição como um *memorandum* lexicológico; por meio desses léxicos e desses vocabulários que atualiza em partes textuais, mais ou menos compactos, o descritivo liga, aciona, enfim, o enunciado sobre textos escritos alhures e nos quais se confundem e sonham se ajustar listas de palavras e de coisas (Hamon, 1981: 6).

Essas especificidades levam o estudioso a admitir a complexidade que envolve a elaboração de uma teoria do descritivo.

Reconhecendo que o descritivo ocupou, ao longo do tempo, um lugar ou momento transitório para depois passar a objeto de estudos mais nobres, o autor propõe-se a reintroduzi-lo no campo da teoria, enfatizando a importância de se chegar ao seu estatuto, desligado de sua função de servo da narrativa.

Embora o próprio Hamon admita – paralelamente a essas considerações iniciais – que não chegou a atingir o ponto máximo por ele proposto, seu percurso, marcado por itens que vão do questionamento da existência de uma competência descritiva à construção teórica do enunciado descritivo e, conseqüentemente, a uma configuração da tipologia do descritivo, traz contribuições imprescindíveis às investigações do referido tipo de texto. Vejamos como esses pontos são discutidos por ele.

Uma competência específica?

A existência de uma competência descritiva é levantada por Hamon quando ele situa, no texto descritivo, o *descritor* como uma nova imagem do emissor e o *descritário* como uma nova imagem do receptor. Colocando o descritor em oposição ao narrador, ele o define como um personagem que, de preferência,

> está ao lado dos austeros pouco eloqüentes, dos científicos de quarto, dos livros, enquanto eles se opõem à vida, do saber estocado no que se opõe à imaginação viva, das coisas em que elas se opõem aos vivos, das estruturas enquanto se opõem à aventura. Se ele não era sedentário, era um viajante, um turista, um explorador, alguém investido de uma missão científica ou que viaja para aprender ou para preencher uma lacuna do saber institucionalizado. Ele está mais ao lado da classificação escrita, que da palavra, ele organiza, classifica e rege seu próprio texto para que não perca o fio e desvie, está mais ao lado da metalinguagem do que da linguagem, mais ao lado da exaustão e da legibilidade do que do lado do suspense e do interesse romanesco. Enfim, a descrição supõe uma certa postura estereotipada do descritor, que ela mesma tenderá a sugerir do leitor uma postura análoga (Hamon, 1981: 41).

Diante das características que o texto descritivo adquire em função do papel do descritor, Hamon questiona se não seria exigido do leitor uma competência nova, diferente e específica, ou seja, uma *competência descritiva* que certamente se oporia à *competência narrativa*.

Ao situar essa *competência descritiva*, o autor chama-nos a atenção para o fato de que compreender o que seja o sistema descritivo implica, mais do que estudar as posturas do descritor/descritário, verificar as operações que o descritivo provoca no enunciado. Ele enfatiza, ainda, que, apesar de os manuais escolares diferenciarem cuidadosamente descrição e narração como sendo dois tipos de organização textual, não justificam essa distinção, a qual, a seu ver, estaria apoiada na existência de competências diferentes.

Dessa forma, o pesquisador explicita que se por um lado uma estrutura narrativa requer do leitor uma competência do tipo lógico, uma vez que ela atualiza um conjunto de classes complementares, constituído na estrutura profunda por uma sintaxe de percursos previsíveis, por outro lado uma estrutura descritiva caracteriza-se mais como um processo de pôr em equivalência uma denominação com uma expansão, exigindo do leitor uma competência de saber. O autor enfatiza que:

> o horizonte de espera que abre um sistema descritivo parece mais tempo focalizado sobre as estruturas semióticas de superfície que sobre as estruturas profundas, sobre as estruturas lexicais do texto mais do que sobre sua armadura lógico-semântica

fundamental, sobre a manifestação e a atualização dos campos lexicais ou estilísticos, mais do que sobre uma sintaxe regulamentando uma dialética de conteúdos orientados. Em uma narrativa, o leitor espera conteúdos mais ou menos dedutíveis; em uma descrição, ele espera a declinação de um estoque lexical, de um paradigma latente de palavras; em uma narrativa, ele espera uma terminação, um término; em uma descrição, ele espera palavras (Hamon, 1981: 44).

Portanto, ao estabelecer diferença entre os sistemas descritivo e narrativo, Hamon postula que, no caso do texto descritivo, esse apela à competência lexical do leitor, ao seu estoque lexical, mais do que à sua competência sintática.

A competência descritiva, segundo esse estudioso, é, pois, explicação, na acepção própria da palavra, ou seja, "desdobramento de uma lista de espera na memória do leitor, exaustão mais ou menos saturada de uma soma, em vez de pôr em correlação conteúdos binários complementares" (Hamon, 1981: 44).

Detendo-nos nas colocações de Hamon, observamos que o descritivo, do ponto de vista do leitor, teria um estatuto de reconhecimento (do saber conhecido), ou de apreensão (do saber novo). Para o teórico, a descrição parece solicitar mais a memória do leitor, isto é, seu saber, caracterizando-se como o local onde o leitor é interpelado no seu duplo saber lexical e enciclopédico, o lugar onde é acentuada e atualizada a relação do leitor com o léxico de sua língua materna. A esse respeito, Hamon declara:

> Apelo à competência lexical e enciclopédica do leitor, a descrição é, mais exatamente, uma competição de competências (...) e, nesse sentido, a área circunscrita de uma descrição não depende da natureza do objeto a descrever, mas da extensão do estoque lexical do descritor que entra em competição de competência com a do leitor (Hamon, 1981: 46).

Então, se a área circunscrita de uma descrição depende do estoque lexical do descritor, evidencia-se o fato de ela apresentar – em relação à área de uma narração – um grau de previsibilidade muito menor. Mas esse aspecto remete-nos ao fato de que nem toda lista infinita de elementos descritivos caracteriza-se como texto descritivo, pois, como muito bem assevera Hamon, o texto descritivo solicita do leitor a competência de uma operação particular, a da *hierarquia*. Um sistema descritivo, durante todo o tempo que ele dura, que ele ocupa no texto, leva perpetuamente o leitor à sua faculdade de compreender sistemas hierarquizados.

Além da *hierarquia*, e no mesmo plano de importância, o teórico destaca a *equivalência*, ambas como noções semânticas-chave para todo sistema descritivo. As duas noções definiram o descritivo como um tipo de texto que apela à competência do leitor para *reconhecer, classificar, hierarquizar* e *atualizar* os estoques de itens lexicais. Assim, como rede semântica fortemente organizada, toda descrição deverá certamente combinar e dosar a expansão de fileiras lexicais (listas, metáforas em fila, sucessão de detalhes metonímicos etc.) e o reagrupamento da informação em pontos nucleares nos quais se reafirmam e se recondensam uma invariabilidade e uma estabilidade semântica.

Concordamos com Hamon quando atribui ao descritivo dois traços essenciais e indissociáveis: *saber* e *taxonomia*. Por todas as características apresentadas, parece-nos claro que o descritivo, do ponto de vista do conteúdo, é um texto que exige saber e que, do ponto de vista da estrutura, exige classificação.

Ao considerar o descritivo como um sistema de organização e classificação semiológico, o autor situa duas tendências fundamentais:

1. uma tendência *horizontal*, de exaustão, em que o referente a descrever é considerado como superfície, como um espaço articulado, recortado, segmentado, "fechado em grade", de um lado pelos campos lexicais do vocabulário e de outro pelos diversos saberes oficiais que aí já introduziram o descontínuo de suas nomenclaturas e de suas especialidades socioprofissionais reconhecidas;
2. uma tendência *vertical*, em que o referente a descrever não está articulado como um mosaico de territórios, de campos e de discursos a percorrer, mas é considerado como sendo constituído de dois ou vários níveis superpostos, tratando-se aqui de uma tendência mais qualitativa que quantitativa, de compreensão, mais que de extensão do referente.

Essas duas tendências, variantes da atitude descritiva, são, conforme destaca Hamon, sintetizadas e ligadas por duas unidades estilísticas particulares das posturas enunciativas:

1. o detalhe, recorte último de um campo semântico percorrido, elemento mais ou menos imprevisível de um percurso metonímico *horizontal*, ao mesmo tempo elemento do sistema descritivo de um referente descrito, de uma pesquisa *vertical* de significação;
2. a analogia (ou a metáfora, ou a comparação e suas variantes), a parte mais ou menos expandida, em correlação com relações metonímicas e sinedóquicas que religam, pois, dois espaços diferentes separados semanticamente na horizontalidade do desenrolar referencial.

Assim, o autor sintetiza que "onde há descrição, há, com efeito, freqüentemente o afluxo de comparações, de analogias, de epítetos raros, de palavras pitorescas, de imagens etc." (Hamon, 1981: 64), o que atribui ao descritivo uma marca indiscutível de saber.

Sinais do descritivo

Além dos traços do descritivo, que englobam conteúdo e estrutura, Hamon aborda os sinais indicativos dessa modalidade, justificando a inclusão dos mesmos no conjunto de suas reflexões, pelo fato de a descrição:

1. não ter ainda um estatuto genérico e semântico particular, sendo vista meramente como um conjunto de palavras mal caracterizável, com estrutura aleatória;
2. ter um efeito de encaixe no *texto maior*, exigindo, portanto, sinais auto-referenciais ou metalingüísticos destinados a torná-la notável no fluxo textual.

Entre esses sinais, o autor dá destaque a tempos verbais, termos técnicos, nomes próprios, adjetivos e formas adjetivadas do verbo, enfim a figuras retóricas particulares, já citadas anteriormente, como a metáfora, a metonímia e a sinédoque. Ele afirma que tais sinais caracterizam um ritmo próprio dos enunciados descritivos, marcado por justaposição, economia de termos de ligação e efeito de lista.

Outro aspecto tratado pelo autor, ao buscar definir os limites da competência descritiva, diz respeito ao caráter utilitário do descritivo, o que, de certa forma, é compreensível, uma vez que ele é tratado sempre em função de um outro tipo de texto, do qual faz parte e no qual desempenha um papel: "descrever para completar, descrever para ensinar, descrever para significar, descrever para arquivar, descrever para classificar, descrever para prestar contas, descrever para explicar" (Hamon, 1981: 74).

A função utilitária da descrição, segundo Hamon, acaba por estabelecer certas relações ambíguas com o *prazer do texto descritivo*, que também se marca como um prazer específico:

> um prazer de apreender (mais do que se fazer surpreender), ou um prazer de reconhecer um léxico, as coisas (...), bem como de brincar com um estoque lexical materializado em um texto, de confrontar, para o leitor, seu estoque de palavras com aquele do descritor, de verificar in *praesentia* as diversas épocas de sua aprendizagem do vocabulário (...), tudo isso reaproxima singularmente o prazer do descritor (e de seu leitor), que coleciona as palavras como do colecionador de objetos, prazer de trocar, de constituir séries de objetos equivalentes ao mesmo tempo diferentes, de gerar estoques (Hamon, 1981: 73).

Para esse teórico, tais fatos levam o descritivo a se caracterizar como uma composição lexical hierarquizada e, assim, a descrição é vista como metaclassificação, classificação textual (grades e modos de ventilação diversos do léxico) de um referente já engradado, já classificado pelas grades e os esboços da Tecnologia (as listas, peças), do Direito (os casos judiciários), da Medicina (as partes do corpo), da Antropologia (os mundos sociais justapostos). Desse modo, há, no texto descritivo, a *colocação em cena* de um léxico, e, conseqüentemente, um trabalho sobre ele; esse tipo de texto constitui-se como o lugar onde aparecerão mais facilmente os léxicos especializados de um trabalho.

Tais afirmações apontam para a constituição de um descritivo que se organiza sobre "o modelo de uma equivalência permanente (entre uma denominação e uma expansão) e de uma lista para saturação organizada e para as unidades hierarquizadas, sendo, sem dúvida, o denominador comum de diversas espécies do descrito" (Hamon, 1981: 81).

O fato de Hamon considerar o descritivo como uma unidade, dotada de certa autonomia e provida de certas marcas que lhe permitem fazer um corte na narrativa, uma pausa introdutória de um *paradigma lexical*, leva-o a trazer às suas considerações um outro princípio: o da verossimilhança de inserção da unidade descritiva no curso de um enunciado. Para tratar dessa questão, ele recorre mais uma vez ao personagem descritor, atribuindo-lhe, por meio de *um ver*, de *um dizer* e de *um fazer*, a tarefa de assegurar a naturalidade de inserção do descritivo.

O papel que o autor atribui ao descritor, dando destaques, inclusive, a formas diferentes de inserir a descrição, amplia os sinais do descritivo, que, na prática pedagógica, estão limitados a adjetivos e verbos de ligação. Aqui, fica evidente que o descritivo também ocorre, em nível microestrutural, por fazeres.

A configuração traçada por Hamon compõe, com os demais elementos objetos de suas preocupações, um quadro revelador de um tratamento do descritivo que engloba modos de se tornar representação natural, formas possíveis de se fazer enunciação dentro do enunciado descritivo, não havendo alusão ao descritivo como superestrutura textual.

Enunciado descritivo e sua construção teórica

De posse dos elementos demarcativos do descritivo e da concepção de existência de uma competência descritiva, Hamon parte para uma proposta de construção teórica do enunciado descritivo, cujos dados justificam nossa pesquisa. Esses dados apontam para duas direções: uma primeira, que enfatiza o vasto campo do descritivo em suas diferentes manifestações discursivas; outra, que ressalta o fato de não ter havido até então um estudo sobre ele como tipologia textual.

Na primeira direção, Hamon retoma as várias manifestações discursivas do descritivo, que abarcam o literário, o dicionário, a enciclopédia, o publicitário e o tecnológico, com a finalidade de destacar que essas variações manipulam os sistemas descritivos segundo modalidades e com objetivos específicos. Tratando da amplitude do descritivo, ele ressalta que:

> Descrevemos objetos reais, objetos fictícios, descrevemos a linguagem dos textos, as personagens ou os conceitos. A descrição pode se fazer no presente, no passado, ou no futuro. Nós a encontramos, fortemente tematizada, em regime romântico, em regime clássico ou neoclássico, em regime realista ou em regime fantástico. Como a narração, à qual se põe, a descrição é diversa, está por toda parte, e fazer uma teoria do descritivo supõe, pois, que se reduza essa evidência a essas diferenças (Hamon, 1981: 92-93).

O autor explica que a elaboração de uma *poética* ou de uma *semiótica* do descritivo supõe que se encontre um método que permita ultrapassar a multiplicidade de textos, para se construir alguns modelos de funcionamento tão simples quanto possível, que viabilizem a racionalização dos modos de organização particular de certos textos particulares. Com isso, evitar-se-iam algumas *armadilhas*.

Uma delas é a armadilha da aproximação referencial, que leva à associação do descritivo ao referido descrito (paisagens por oposição às ações, objetos por oposição aos sujeitos) e não a um tipo particular de funcionamento ou dominante dentro da organização textual de um enunciado. Outra é a armadilha da hierarquia, que leva à confusão de hierarquia de níveis de funcionamento com hierarquia normativa e à concepção da descrição sempre a serviço das instâncias mais profundas ou mais importantes do enunciado. Há, ainda, a armadilha gramatical, que reserva à descrição os léxicos ou os tempos particulares (por exemplo, o imperfeito). Finalmente, há a armadilha tipológica, que faz muito estreitamente coincidir o descritivo com um gênero, um tipo ou uma escola literária particulares.

Em relação à segunda direção, ao revelar que o descritivo foi pouco estudado e, ainda que estudado, relegado a um segundo plano, Hamon enfatiza que a situação se deve ao fato de a pesquisa semiótica ter ficado centrada, de um lado, sobre os modos de organização narrativa do texto, citando os nomes de Greimas, Genette, Todorov e Brémond, e, de outro lado, sobre os modos de organização de textos fundados sobre os princípios convergentes da colocação em relevo do significante, do paralelismo e da construção de matizes que definem formalmente o enunciado poético, citando, nesse caso, nomes como Jakobson, Levin e Ruwet.

Essa dupla predominância nos estudos semióticos foi a responsável, explica Hamon, pelo não acesso da descrição ao estatuto de conceito teórico construído, ou de objeto de análise, sendo a narração, assim, o objeto que monopolizou o campo teórico. Dessa ótica, para argumentar, ele retoma ainda:

1. Propp, que, como sabemos, excluiu explicitamente a descrição de sua análise morfológica do conto e considerou-a como uma expansão tardia e literária, decorativa e redutível a um simples atributo do personagem;
2. Weinrich, que, enfocando o critério de coerência e de necessidade, separou as passagens descritivas das passagens narrativas em uma novela de Maupassant, para mostrar que, enquanto as primeiras não possuíam nem autonomia nem coerência interna, as segundas bastavam-se a si próprias.

Ao situar o privilégio dado aos estudos da narrativa, em detrimento do descritivo, Hamon remete-se ao fato de a oposição entre os dois tipos justificar-se, num primeiro momento, por razões heurísticas, uma vez que devem ser considerados como dois tipos estruturais em interação, como dois tipos complementares, ambos dignos de construção teórica.

Dessa forma, ele ressalta que deve ser construída uma teoria da descrição que não se apóie em confirmação de evidências propostas pelos textos, por meio do reconhecimento intuitivo das descrições como *unidades isoláveis*, mas que exija, primeiro, a elaboração de um conjunto de proposições e de regras gerais que permitam melhorar a análise dos enunciados, de todos os enunciados – literários e não literários –, quaisquer que sejam.

É nesse ponto que o autor enfatiza a necessidade de se falar em descritivo em lugar de descrição e de considerar o descritivo como uma dominante construída por certos tipos particulares de texto. Ele relaciona, assim, *descritivo* à teoria e *descrição* à prática e essa diferenciação fundamenta o uso que fazemos dos termos descritivo e descrição, servindo o primeiro para designar o tipo de texto e o segundo para designar suas diferentes manifestações.

Tipologia e níveis de descrição

O descritivo, tal como coloca Hamon, não chega a ter um lugar muito fixo nas tipologias, isso porque as noções de gênero (literário: por exemplo, a oposição romance x poesia) e de tipos (estruturais: por exemplo, a oposição paradigmática x sintagmática) interferem no levantamento dos critérios discriminatórios. Ou, melhor ainda, "o descritivo parece ser uma espécie de cinzel universal do grau zero e cômodo, servindo para discriminar as categorias mais marcantes ou os objetos teóricos mais dignos de interesse" (Hamon, 1981: 100).

Desse ângulo, o descritivo opõe-se ao narrativo e, assim, opõe-se às ações, ou à psicologia dos personagens, por oposição aos objetos ou às paisagens; logo, é uma parte da narrativa e, na mesma linha de comparação e definição, é ele que se opõe ao enunciado poético, da mesma forma acontecendo em relação ao performativo.

Entretanto, Hamon ressalta a necessidade de se estudar o descritivo em uma tipologia global dos discursos. Com base no trabalho sobre gramática da narrativa desenvolvido por Greimas, propõe um esquema para o descritivo que prevê os seguintes níveis:

I	a – esquemas	e	b – sintaxe lógica
II	a – agentes	e	b – papéis agenciais
III	a – *topoi*, figuras	e	b – papéis temáticos
IV	a – léxico	e	b – sintaxe

Para Hamon, esses níveis garantiriam um lugar para o descritivo na tipologia global dos discursos, dando-lhe uma configuração própria, assim entendida, nos níveis colocados:

1. organizada por esquemas lógicos, a descrição constrói uma taxonomia de pólos e de espaços correlacionados (aqui x lá, alto x baixo, em cima x embaixo, englobado x englobante etc.);
2. como objeto-saber comunicado por um locutor-destinador informado a um leitor também informado e como objeto-saber comunicado por um locutor-destinador não informado a um leitor-destinatário também não informado, a descrição entra num duplo esquema de comunicação, funcionando como um agente coletivo e sincrético (òbjeto + saber), dotado de uma significação constante e permanente;
3. como topos, a descrição declina a lista previsível dos elementos do ser/espaço/objeto descrito;
4. finalmente, no nível estilístico, a descrição apresenta uma distribuição de epítetos, de comparações, bem como de escolha lexical.

Paralelamente a esses níveis, Hamon retoma o que ele chama *armadura fundamental dos sistemas descritivos*:

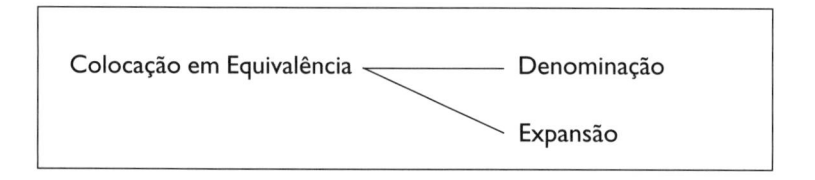

```
Colocação em Equivalência ———— Denominação
                          ╲
                           ╲ Expansão
```

Descritivo e modalização

Permeando a armadura fundamental dos sistemas descritivos, Hamon (1981: 117) apresenta um outro aspecto como indispensável ao estudo das descrições: a modalização. Para ele, "uma descrição, no texto, é freqüentemente o local de uma modalização", uma vez que ela permite especificar as subclasses de agentes (ou papéis agenciais), tanto no nível do enunciado quanto no da enunciação e, especialmente, permite precisar a competência (sujeito virtual x sujeito real; agente conforme seu querer-fazer x agente sem querer-fazer; aquisição de querer/saber/poder/dever-fazer x ausência de querer/saber/poder/dever-fazer, querer-fazer x querer ser etc.) dos diversos agentes no plano da enunciação e dos personagens-atores no plano do enunciado.

Para explicar essa modalidade, o autor recorre ainda à noção trazida por Benveniste, que tem a descrição como uma asserção complementar, cujo objeto é o enunciado de uma relação. Tal asserção – como expressão de uma subjetividade na linguagem – modifica, ao mesmo tempo, os predicados afirmados pelo texto – predicados narrativos (enunciados de fazer) – e, igualmente, os predicados descritivos (enunciados de estar), redutíveis a uma relação de conjunção ou de disjunção entre dois agentes.

Desse ponto de vista, no que se refere à descrição, de modo específico, Hamon afirma que textualmente ela se apresenta como ator coletivo (redutível e equivalente à soma mais ou menos expandida de seus itens), provido de um estatuto semântico global, podendo, pois, ser redutível, seja à conjunção de dois agentes, dotados já, cada um, de um estatuto semântico definido e integrados em um sistema narrativo completo (sujeito, objeto, destinador, destinatário...), seja à modalidade (querer, saber, poder), isto é, a um traço específico suscetível de circular entre as personagens. A descrição define uma subclasse particular de agente (sujeito que adquiriu ou perdeu um poder; sujeito que adquiriu ou perdeu um saber etc.).

Entre as modalidades, parece-nos claro que o saber desempenha um papel particular, tendo em vista que toda descrição, inserida num texto (uma enunciação, uma comunicação), é sempre saber de um enunciador sobre as palavras e sobre as coisas; uma modalização pode, então, ter por objeto essa modalidade, um saber-poder-vir modalizar essa porção objetivada de saber que é uma descrição.

Nesse sentido, Hamon (1981: 119) ressalta que:

> a descrição é agora, ao mesmo tempo, saber sobre as palavras (competência lexical do descritor), saber sobre o mundo (competência enciclopédica) e saber sobre os esquemas e grades de classificação (competência taxionômica). Ela entra, pois, como objeto-saber, num sistema de enunciação particular, naquilo que chamamos de uma competência de competências, sendo, do ponto de vista do emissor sábio, um fazer-saber, apoiado sobre um saber-fazer, logo um fazer-crer, e desencadeia, no receptor menos sábio, uma atividade crítica de interpretação (descrição mais ou menos plausível, mais ou menos verossímil.

Tais colocações evidenciam que, por ocasião de uma descrição, o que é modalizada é essencialmente a competência do produtor de criar, isto é, de fazer existir alguma coisa.

Baseado em todos os elementos destacados em suas reflexões sobre a construção teórica do descritivo, o pesquisador conclui que a elaboração de uma teoria satisfatória requer que sejam estudados:

1. o sistema demarcativo e característico dos sistemas descritivos;
2. os modos de organização interna dos sistemas descritivos, bem como a elaboração de sua tipologia e, eventualmente, de uma gramática geral que permita dar conta de uma competência descritiva específica, isto é, do léxico das unidades de base e da sintaxe que nela rege a combinação, independentemente das variáveis descritivas produzidas e produtíveis;
3. a(s) função(ções) geral(is) dos sistemas descritivos;
4. os modos preferenciais de distribuição dos sistemas descritivos nos textos em que estão encaixados, havendo variáveis conforme os gêneros, as épocas, os tipos de comunicação que tendem a recortar esses sistemas nos conjuntos textuais mais vastos;
5. os sistemas descritivos metalingüísticos: o que é uma metalinguagem, o que é o descrever da linguagem, com a linguagem natural ou construída;
6. os sistemas descritivos de retranscrição: o que é, por exemplo, uma descrição de quadro, uma descrição de música e, inversamente, uma música descritiva.

Esse programa, considerado por Hamon como ambicioso, caracteriza uma preocupação mais discursiva do que textual. De qualquer maneira, há um espaço para o esquema de organização interna do descritivo em (2), que vem ao encontro dos nossos objetivos, ainda que o espaço destinado à realização das descrições seja muito maior.

Tipologia do descritivo

Após tecer considerações sobre a construção teórica do enunciado descritivo, considerando sua crença em uma competência específica, Hamon (1981: 140) chega à seguinte proposta conceitual da tipologia do descritivo:

> Um sistema descritivo é um jogo de equivalências hierarquizadas: equivalência entre uma denominação (uma palavra) e uma expansão (um conjunto de palavras justapostas em lista, ou coordenadas e subordinadas em um texto); a denominação, que pode ser simplesmente implícita, não atualizada na manifestação textual, assegura a permanência e a continuidade no conjunto, servidor mais que dirigente sincrético, colocado em fator comum memorizado junto ao sistema de pantônimo à descrição, e podendo entrar nos enunciados metalingüísticos do tipo: este texto é a descrição de 'p1'; é o objeto descrito e o pantônimo pode entrar como centro de referências num emaranhado de anáforas e sua simples repetição economizar o chamado da soma de suas partes enumeradas (P é o composto de: N1, N2, N3... Nn), da soma de suas qualidades (P e Pr1, Pr2, Pr3... Prn), ou dos dois de uma só vez (...). Como palavra, o pantônimo é denominação comum ao sistema; como sentido, é o foco do sistema.

Com base nessas discussões, o autor propõe o seguinte esquema para o descritivo:

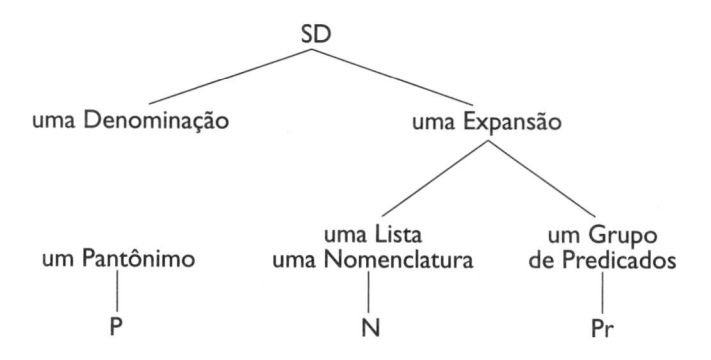

```
                    SD
                   /  \
        uma Denominação   uma Expansão
                              /      \
                       uma Lista    um Grupo
         um Pantônimo  uma Nomenclatura  de Predicados
              |              |              |
              P              N              Pr
```

O pantônimo é, portanto, segundo Hamon, uma construção do texto, ou uma resultante da atividade de leitura, e seu papel é o de favorecer o reconhecimento global da descrição como tal. O teórico situa fatores de coesão do texto descritivo e explicita que a legibilidade de um sistema reclama a presença do pantônimo – sua relativa atuação em relevo, sua atuação na memória, sua atuação estilística como tal – no centro do sistema. O pantônimo, em termos de ocorrência, pode ocupar as margens, o começo ou o fim da descrição; contudo, de qualquer forma, é ele o responsável pela focalização do sistema descritivo.

Dessa forma, a organização do descritivo instaura-se pela colocação em equivalência de uma definição-descrição (a enumeração das partes de um mesmo todo, uma série de predicados), havendo, portanto, dois componentes no sistema descritivo: um termo sincrético diferenciado e uma expansão dada como equivalente.

Contudo, o pantônimo, "termo que ao mesmo tempo rege e sintetiza o conjunto do sistema descritivo" (Hamon, 1981: 162), não é o único operador a reger globalmente a sua legibilidade. Ele pode estar ausente ou diferenciado, mal localizável ou bem representado.

No que se refere ao outro elemento do sistema descritivo – a expansão –, Hamon propõe sua organização como *um museu*, como uma soma de saberes, como uma enciclopédia. Daí a necessidade de operadores de homogeneidade funcionando em convergência, ligando, sistematicamente, uma isotopia sobre a outra, a cultura sábia sobre a cultura mais geral dos clichês, neutralizando os termos ilegíveis pelos mais legíveis, e modalizando o conjunto do sistema.

O autor assevera, ainda, que, num sistema descritivo, a metáfora é a colocação em equivalência de sistemas metonímicos (ou da sinédoque) e, assim, toda descrição é a construção, em forma de um texto, de uma rede semântica com forte densidade definida por uma hierarquia de relações.

Ele considera toda descrição, por essência, interminável e, assim, ela é, antes de tudo, uma nomenclatura extensível ao cercamento mais ou menos artificial, cujas unidades lexicais constituintes são de maior ou menor previsibilidade de aparição, podendo esse grau de previsibilidade e de homogeneidade servir de base principal para o estabelecimento de uma tipologia dos sistemas descritivos.

Ao finalizar suas colocações, o pesquisador afirma que toda descrição é um encaixe de subsistemas descritivos mais ou menos expandidos pela hierarquia de descrições e que, portanto, a construção de uma tipologia dos sistemas descritivos exige a observação de muitos critérios, que ele assim sintetiza:

1. presença ou ausência de três componentes da base (P, N, Pr) da invariante definida pela teoria;
2. distribuição respectiva desses componentes, um em relação a outro;
3. relação do pantônimo com a nomenclatura; relação da nomenclatura com a série dos predicados;
4. relação dos termos da nomenclatura entre si;
5. relação dos termos da série predicativa entre si;

6. grau de organização, com a ajuda das taxonomias, ou grades adicionais, de ordenação lexical de "N" e de "Pr";
7. presença, explícita, ou não, de operadores de legibilidade internos (ligadores de isotopias, palavras, legendas etc.).

Assim como Hamon, também foi marcante a presença de Adam & Petitjean entre os que se ocupavam do descritivo com vistas a uma teoria. Em conjunto ou separadamente, ambos realizaram quatro trabalhos, que muito contribuíram para pesquisas no campo pedagógico: *Introduction au type descriptif* e *Les enjeux textuels de la description* (Adam & Petitjean: 1982 e 1982-a), *Fonctions et fonctionnements de la description représentative* (Petitjean: 1987) e *Approche linguistique de la séquence descriptive* (Adam: 1987).

Principiando pela abordagem de *Introduction au type descriptif*, que nos parece ser o desencadeador dos demais, cabe-nos ressaltar que os autores marcam o início de suas considerações com a preconização da existência de uma competência textual descritiva e fundamentam essa existência baseados no que chamam de *onipresença dos sistemas descritivos nos textos de ficção* e também no cotidiano dos discursos sociais (dicionários, enciclopédias, discursos publicitários).

Essa competência, segundo eles, conferiria ao descritivo um lugar dentro do estudo da tipologia textual, ao lado de outros tipos, e justificaria sua pesquisa. Desse modo, sob a égide de um estatuto próprio, os autores começam por traçar as características específicas do descritivo, partindo de uma abordagem do que chamam *a coesão global do texto descritivo*. A primeira colocação trazida à discussão confere a essa modalidade um estatuto de texto, assim explicitado pelos autores: "o modo de organização que faz de uma seqüência descritiva um texto e não uma série incoerente de palavras deve ser inicialmente examinado em um nível muito global de profundidade" (Adam & Petitjean, 1982: 79).

Referindo-se a esse nível de organização, Adam & Petitjean situam como indispensáveis dois actantes: o descritor e o descrito, sendo o primeiro deles o portador do ponto de vista da base de seleção e de interpretação do que é descrito, responsável pelo *como se descreve*. Quanto ao segundo, para ilustrar seu modo de funcionamento, os autores recorrem a uma comparação com o modo de organização da definição lexicográfica, que comporta dois elementos: a denominação e a definição. Eles explicam ser a definição uma expansão da denominação, podendo essa última – do ponto de vista macroestrutural – agir como o tema de uma conversação e como título de um livro ou de um artigo.

Dentro dessa perspectiva, tais teóricos precisam as noções de *denominação* e de *expansão*, contidas no trabalho de Hamon (1981): no que se refere à denominação, substituem-na por tema-título; no que diz respeito à expansão, explicitam-na como uma nomenclatura de subtemas aos quais se associam predicados.

Ainda que antecipem a abordagem sobre o modo de organização local da descrição, de que tratarão mais à frente, os autores situam outros dois mecanismos constitutivos dessa modalidade: o de *referenciação* e o de *predicação*, ressaltando a estruturação dos predicados de um tema-título, no nível microestrutural, e destacando as características desses predicados: alguns são qualificações, outros podem ser reduzidos a substantivos. Esses são diferenciados como predicados *de ser* e *de fazer*.

Referindo-se à relação que se estabelece entre o tema-título e sua nomenclatura, Adam & Petitjean (1982: 81) a definem como "uma relação de inclusão, uma vez que cada tema representa um conjunto paradigmático de atributos virtualmente inclusos". Eles asseveram que, no interior da nomenclatura dos subtemas, cada um deles pode se tornar tema-título com outros subtemas e que esses subtemas podem ser hipônimos do tema-título.

Tal colocação destaca, a nosso ver, o caráter metonímico e sinedóquico do descritivo e remete-nos à abordagem feita por Hamon (1981) de um descritivo montado sobre um sistema configurativo de todo x partes. Essa constatação confirma-se nos comentários de Adam & Petitjean (1982), ao retomarem o trabalho de Ricardou (1973), que insistia sobre um duplo papel da descrição: um unificador (no plano da dimensão referencial) e outro fragmentado (no plano textual da linha de escritura, da linearidade do significante em geral).

Adam & Petitjean sintetizam que as expansões se desenvolvem de um tronco comum e, para precisarem visualmente suas conclusões, fazem uso do esquema proposto por Ricardou (1973), uma vez que o consideram completo. Vale ressaltar, porém, que, em relação ao esquema original, esses pesquisadores fazem uma alteração de designação: enquanto Ricardou tinha no topo da árvore a designação *objeto*, os autores situam-na como *tema-título*; para a designação *elementos*, propõem *partes* (sinédoques). A nosso ver, a alteração é justificável pelas conclusões a que chegaram.

Vejamos, a seguir, o esquema organizador do descritivo:

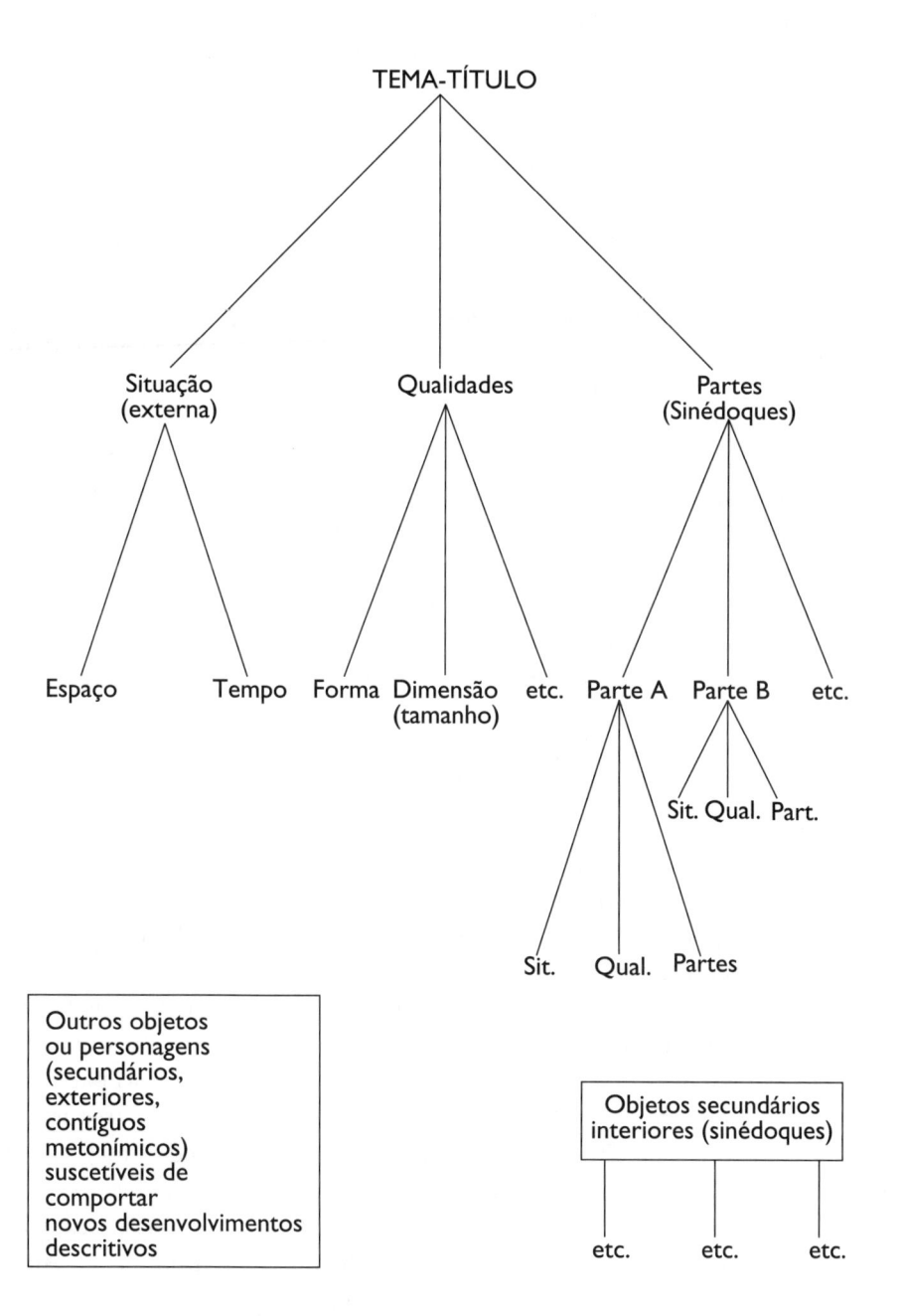

A ORGANIZAÇÃO DO TEXTO DESCRITIVO EM LÍNGUA PORTUGUESA

```
                        TEMA-TÍTULO
              ┌──────────────┼──────────────┐
         Situação         Qualidades        Partes
         (externa)                       (Sinédoques)
         ┌───┴───┐      ┌─────┼─────┐    ┌─────┼─────┐
      Espaço  Tempo  Forma Dimensão etc. Parte A Parte B  etc.
                          (tamanho)                │
                                               Sit. Qual. Part.
                                      ┌─────┼─────┐
                                     Sit. Qual. Partes
```

Outros objetos ou personagens (secundários, exteriores, contíguos metonímicos) suscetíveis de comportar novos desenvolvimentos descritivos

```
            Objetos secundários
            interiores (sinédoques)
          ┌─────────┼─────────┐
         etc.      etc.      etc.
```

Adam & Petitjean explicam que entre o modelo abstrato e o texto realizado intervêm diversas operações, como, por exemplo, as de seleção e de integração, o que leva o descritivo a tomar formas muito diversas:

1. pode ser reduzido a um tema-título, manifestado sem nomenclatura subseqüente;
2. pode tomar forma de um número muito pequeno de predicados e o conjunto do tema pode ser deduzido por inferência;
3. o tema-título é enunciado no início da descrição, garantindo-lhe uma legibilidade máxima, mas condenando a nomenclatura a ser apenas redundante ou particularizante;
4. o tema-título é manifestado no fim da descrição e vem fixar um sentido para uma série de predicações flutuantes;
5. o tema-título é apresentado com a ajuda de um tema equivalente, implícito por meio de predicados hiponímicos e heterogêneos, o que não deixa de criar efeitos estranhos explorados pelo fantástico e pela ciência-ficção;
6. o tema-título desenvolve-se sob a forma de um tema equivalente do qual ele desencadeia os hipônimos;
7. os predicados podem desenvolver a parte ideal do tema-título (significado) ou sua parte material (significante);
8. a descrição pode ter a forma de uma série de predicados sem que o tema que o subsume seja nomeado (diferentemente de *a*).

A exemplificação dada pelos autores, para tratarem do que chamam coesão global do descritivo, revela, mais uma vez, que sua preocupação sobre o modo de organização do descritivo restringe-se ao nível do enunciado descritivo.

Paralelamente à explanação sobre a coesão global do descritivo, Adam & Petitjean criam um espaço para tratar de outro aspecto – *a coesão local do descritivo* –, que, segundo eles, é indispensável para se compreender sua organização. Desse ângulo, asseveram que "descrever é sempre enumerar as partes de um lugar, de um objeto, de personagens... a descrição aparece, conseqüentemente, como o uso de estoques lexicais, rompendo a linearidade sintagmática do narrativo" (Adam & Petitjean, 1982: 86-76).

Eles explicam que a caracterização da descrição é dada por uma série qualificativa de elementos realizados por inclusão, num estado atemporal, diferentemente da narração, cuja caracterização é marcada por uma dimensão temporal e por uma transformação orientada. Completando esses dados comparativos entre descrição e narração, recorrem àqueles anteriormente estabelecidos por Hamon (1981):

O horizonte de expectativas que um sistema descritivo abre parece antes focalizado sobre as estruturas semióticas de superfície, do que sobre as profundas; sobre as estruturas lexicais do texto, do que sobre sua armadura lógico-semântica fundamental; sobre a manifestação e a atualização de campos lexicais ou estilísticos do que sobre sintaxe regularizadora de uma dialética de conteúdos orientados.
Numa narrativa, o leitor espera conteúdos mais ou menos deduzíveis; na descrição ele espera um estoque lexical, de um paradigma de palavras latentes; em uma narrativa, espera uma terminação, um término; em uma descrição ele espera termos. O texto, então, apela à competência lexical do leitor, antes que à sua competência sintática no sentido mais geral do termo. O sistema descritivo é, então, explicação (explicare = tirar das pregas), depositado por uma lista na memória do leitor, exaustão mais ou menos saturada de uma soma colocada em co-relação de conteúdos binários complementares (Adam & Petitjean, 1982: 87).

Apesar de ressaltarem a importância do léxico no descritivo, tais estudiosos não o vêem de maneira isolada, justificando que "a coesão de um texto resulta de uma convergência de meios sintáticos e lexicais que caracterizam sua textualidade: conectores, progressão temática, sistema dos tempos, substituição, co-referenciação, inferências...". Entre esses elementos textuais, escolhem os conectores de frases e os tempos verbais para concluírem seu trabalho, corroborando nossa constatação anterior (ao final do tratamento da coesão global do descritivo) de que o estudo por eles desenvolvido privilegiou a organização do descritivo como forma de enunciado.

Seguindo esse trabalho de caráter teórico, Adam & Petitjean (1982-a) dedicam um outro estudo ao descritivo – *Les enjeux textuels de la description*, agora com uma preocupação centrada na busca de identificação de estratégias de escrita e de leitura correspondentes a essa modalidade textual.

Tomando por base a descrição realista, os autores apontam para duas dificuldades do descritor: a primeira delas é relativa ao inventário necessário, à lista do descrito, com a qual a descrição enumera os elementos componentes, operando uma escolha entre eles; a segunda é relativa à necessidade de as seqüências descritivas produzirem um efeito de coerência de conjunto.

Embora o trabalho em questão tenha um caráter de aplicação cujo objetivo é evidenciar que a descrição no romance realista desempenha um papel fundamental, uma vez que ela "tem por objeto criar a ilusão do real" (Adam & Petitjean, 1982-a: 93), dele podemos deduzir duas características do descritivo: seqüência enumerativa e efeito de coerência de conjunto, o que nos leva a vê-lo, realmente, como um tipo de texto específico e diferenciado dos demais.

Enfocando as duas dificuldades do descritor, os autores criticam a tradição escolar, pelo fato de negligenciá-las e, normalmente, por centrar sua preocupação em *conselhos sobre o como descrever*, esquecendo-se, no entanto, de que, anteriormente ao ato de descrever, deve-se colocar o ato de observar. Saber olhar, portanto, é a primeira condição para saber descrever.

Tais observações ressaltam a característica do descritivo como representação pela expressão, denotando que o processo de elaboração dessa modalidade textual não deve ser limitado a técnicas que favoreçam o domínio da escrita de descrições. Há aí, pois, uma evidência de que tratar o descritivo apenas como manifestação escrita não satisfaz, e os autores colocam uma questão a mais a ser considerada: a da observação. Assim, o foco é descritivo no âmbito produtor/produto:

> Também na prática dos textos, uma descrição é sempre o produto de um ato de seleção rigorosa que engaja totalmente uma subjetividade enunciativa e isto por diversas razões:
> – não se percebe a totalidade do que é perceptível;
> – não se verbaliza a totalidade do que se percebe;
> – descreve-se em função de conhecimentos (da língua e do mundo) e daqueles estimados como partilhados pelo leitor;
> – a descrição depende do tipo de discursividade do texto no qual ela é empregada;
> – a descrição deve submeter-se aos contratos do escritural;
> – a descrição varia segundo os gêneros e possui sua própria historicidade;
> – a descrição tem a função do papel que ela desempenha na economia interna de um texto. (Adam & Petitjean, 1982-a: 95).

Esse trabalho, embora com um caráter diferente do primeiro desenvolvido por Adam & Petitjean (1982), em que a preocupação era dar ao descritivo um tratamento teórico, mesmo direcionando-se para a manifestação discursiva do descritivo e suas funções no texto literário, traz à tona questões que dão pistas para nossas investigações, como, por exemplo, a configuração do descritivo como recortes (partes) e como processo específico que envolve seleção, tanto no contínuo referencial quanto no estoque lexical, de acordo com a subjetividade do autor, o que caracterizaria, a nosso ver, uma competência descritiva. Em síntese, há uma preocupação básica dos autores em diferenciar o descritivo em função de gêneros literários e em estabelecer seus diferentes papéis no texto narrativo, de um modo geral.

No que se refere às variações do descritivo, Adam & Petitjean agrupam-nas em quatro tendências principais, conforme o ponto de vista do descritor:

1. descrição ornamental: preocupação com a pompa e ornamento do estilo; conhecida há séculos;
2. descrição expressiva: consagração da imaginação contra a imitação; marcante na segunda metade do século XVIII e século XIX;

3. descrição representativa: marcada pela objetividade e precisão, tendo origem no Realismo, sob a inspiração do Positivismo;
4. descrição produtiva: marcada por uma função criativa, como reação à descrição realista.

Quanto aos diferentes papéis do descritivo, no texto narrativo, os autores destacam os seguintes:

1. construir o cenário da narrativa;
2. fazer o retrato de uma personagem;
3. exprimir o ponto de vista de uma personagem;
4. introduzir enunciados explicativos de ações anteriores;
5. assumir as apreciações e os conhecimentos do autor;
6. anunciar prospectivamente ações mais ou menos previsíveis;
7. estabelecer as isotopias do contexto.

Ao tratarem da descrição representativa, chamam a atenção para o fato de a descrição realista atribuir à descrição duas funções maiores: uma função matésica, que dispõe, no interior da narrativa, os saberes do autor, provenientes de suas pesquisas ou de suas leituras, e uma função didascálica, que consiste em estabelecer o auto-referente do texto, ou seja, a situação espaço-temporal e o tipo de mundo no qual os autores interagem.

Essas funções são retomadas e ampliadas no trabalho posteriormente desenvolvido por Petitjean (1987), em que o autor, focalizando especificamente o caso da *descrição representativa*, desenvolve um estudo sobre *funções e funcionamento das descrições nas escrituras realistas*, atendo-se ao exemplo das paisagens. Assim, estabelece uma nova concepção para as funções do descritivo e explicita-as desta forma:

1. uma função matésica (difusão do saber);
2. uma função mimésica (ilusão da realidade);
3. uma função semiótica (regulação do sentido).

Tendo em vista a definição de função matésica, o autor trata da disposição, no interior da narrativa, de saberes do escritor, que procedem de suas investigações ou de suas leituras: cadernetas, fichários, dicionários enciclopédicos, livros teóricos, como suportes necessários ao descritor realista.

Para ele, no interior desse dispositivo, o saber é mais ou menos bem absorvido pelo romance e, quando resiste, toma a forma de ficha técnica *diretamente injetada*. Para explicitar esse tipo de ocorrência, Petitjean traça uma comparação entre os trabalhos de Flaubert e Verne, afirmando que no primeiro esse tipo de ocorrência é raro, ao passo que no segundo está presente em abundância, pelo fato de seu projeto didático ser ostensivamente marcado e, nesse caso, pelo fato de a descrição se confundir com a reprodução de um quadro científico ou tecnológico.

As referências a Verne e a Flaubert dizem respeito, respectivamente, às monografias que tratam de *corais, pérolas etc.* e às *fichas tecnológicas sobre jardins*, deslizando-se, em ambos, tipologicamente, do descritivo ao explicativo. Nesse sentido, a monografia descritiva, na exposição de Petitjean, pode incluir saberes vindos de outros horizontes técnicos e incorporar uma seqüência argumentativa (refutação de teses anteriores, nova tese desenvolvida), indicada pela presença de conectivos como *mas, mesmo* e *entretanto*.

Embora o autor não tenha enfocado a questão do descritivo como superestrutura textual, suas colocações estabelecem a existência de um tipo descritivo, diferenciado em relação a outros tipos já conhecidos.

Na seqüência de sua análise, Petitjean afirma, ainda, que os enunciados científicos e técnicos, quando assimilados pela escrita romanesca, tomam a forma de descrições de entidades específicas, tendo um *ancoradouro* referencial preciso. Para concluir a exposição sobre a função matésica, focaliza a dificuldade de compreensão dessas descrições técnicas e científicas, dada a presença da taxa elevada de vocabulário especializado.

Adentrando a abordagem da função mimésica, o autor expõe que, sob essa denominação, estão as descrições cuja função, única e principal, é situar o quadro da história, o espaço-tempo no qual os atores interagem, e que, segundo os gêneros narrativos, a descrição com função mimésica ocupa um lugar mais ou menos importante. São, pois, dois papéis maiores que podem ser atribuídos às descrições mimésicas no romance realista:

1. construir o espaço-tempo da narrativa;
2. apresentar os atores da história.

Em ambos os casos, o efeito procurado é aquele de realidade, e a busca desse *efeito real* pode dar lugar à produção de enunciados autônomos: as descrições mimésicas, geralmente, no dizer de Petitjean, colocam em jogo as operações de *ancoragem, afetação, assimilação, aspectualização* e *tematização*.[5] Conforme o autor, tais operações devem ser assim definidas:

---

[5] Essas operações foram descritas por Apotheloz, D. (1983), em *Eléments pour une logique de la description et du raisonnement spatial*. *Degrés* nº 35-36, Bruxelas, e também serão tratadas por Adam em seu artigo que segue nesta revisão.

1. *ancoragem*: operação pela qual o tema-título assegura a legibilidade da seqüência descritiva, ativando, na estrutura cognitiva do leitor, as representações que lhe concernem. De modo mais preciso, podemos dizer que:
   a) a representação descritiva joga com os conhecimentos do leitor, confirmando-os ou modificando-os;
   b) a representação descritiva atualiza uma referência virtual na forma de objetos do discurso;
2. *afetação*: operação que, contrariamente à ancoragem, produz efeitos de sentido de incerteza ou estranheza; trata, portanto, do objeto descrito, como um tipo de enigma ou parte de uma solução;
3. *assimilação (ou colocação em relação)* operação de ordem metonímica ou metafórica, que consiste em inscrever o objeto descrito numa balizagem do tipo temporal, desenvolvendo os aspectos de um objeto com o auxílio de predicados de um outro objeto – por comparação ou metáfora (por exemplo, como objetos, por assimilação, adquirem traços animados);
4. *aspectualização*: operação central da descrição, que consiste em decompor o objeto descrito em subtemas hiponimicamente religados ao tema-título, sendo cada hipônimo desenvolvido por predicados qualificativos que lhes atribuem propriedades;
5. *tematização*: operação recursiva, à base da expansão descritiva, consiste em fazer de subtemas hipônimos um tema suscetível de ser expandido por novos predicados.

Refletindo sobre essas operações, Petitjean (1987: 71) afirma que "o conjunto da textualização descritiva pode ser tomado enunciativamente na forma de valorações, modalizações e focalizações" e pode ser apresentado, sinteticamente, pelo esquema proposto por Adam (1987), o qual citaremos adiante.

A respeito da função semiótica – a terceira por ele situada –, o autor considera que, embora a maior parte das teorias realistas tenha favorecido a *armadilha referencial*, superestimando as funções matésica e mimésica, em detrimento da função semiótica, há de se considerar que o romance realista deve dar a ilusão de verdadeiro, mais do que ser realista, e fazer verdadeiro consiste em dar a ilusão completa do verdadeiro, seguindo a lógica ordinária dos fatos e não a transcrevê-los servilmente na confusão de sua sucessão.

Petitjean (1987: 71) encerra seu trabalho afirmando que a narrativa não pode dispensar a descrição, pois "ela tira da descrição seu poder alucinatório, sua pretensão de se fazer tomar por real". Numa consideração final, o autor remete-se ao trabalho de Hamon (1981), dizendo que o artifício para a realização do trabalho descritivo consiste em apresentar a descrição como o fazer de um ator segundo três modos diferentes: *o ver, o dizer* e o próprio *fazer*. Ele aponta, ainda, para a necessidade de distinção entre uma descrição histórica, ligada a uma narrativa de viagem, e uma descrição situada no contexto de uma novela ou de um romance, em que, no último caso, a coesão do discurso torna-a supersignificante.

Como podemos notar, também nesse trabalho o descritivo foi tratado dentro da narrativa (romance realista) e, embora o autor tenha salientado as diferenças entre as duas modalidades, sua abordagem tipológica considera a função que o descritivo tem na narrativa.

Tendo em vista o conjunto de estudos desenvolvidos por Adam e Petitjean, cabe-nos ressaltar que o que mais se aproxima de uma abordagem teórica sobre a superestrutura do descritivo é aquele que tem por título *Approche linguistique de la séquence descriptive* (Adam: 1987), uma vez que chega mesmo a registrar o uso do termo *superestrutura*.

O problema central focalizado por Adam, nesse trabalho, gira em torno da seguinte pergunta: "pode-se definir lingüisticamente um texto ou uma seqüência como descritivos?" (Adam, 1987: 3). Essa é, para o autor, uma questão do âmbito da Lingüística Textual e, portanto, sua preocupação volta-se sobre o efeito da descrição, menos do ângulo referencial e argumentativo que do textual seqüencial. Ele não se envolve, assim, com o problema dos saberes veiculados e transformados pelas representações descritivas, mas faz uso delas para tratar sua hipótese – a existência de uma superestrutura descritiva.

O primeiro aspecto situado pelo estudioso para ressaltar a existência do tipo descritivo é a comparação entre enumeração e descrição. Para estabelecê-la e evidenciar a natureza textual do descritivo, em contraposição com a do enumerativo, de justaposição apenas de elementos descritivos, Adam recupera a distinção entre o texto narrativo e a simples cronologia de atos ou acontecimentos, destacando que o texto narrativo possui uma estrutura global hierárquica que confere aos diferentes acontecimentos, ainda que numa ordem cronológica desconstruída, um certo valor diferencial que traduz o esquema da superestrutura narrativa.

Essa comparação leva o autor a demarcar as fronteiras entre *seqüência enumerativa* e *texto descritivo*, explicitando que o último pressupõe uma organização textual subjacente, com características próprias e específicas, o que o leva a referir-se a uma esquematização descritiva, assim justificada: "por descritivo, entendo o processo que dá lugar tanto às proposições descritivas (microproposições) quanto às seqüências descritivas em suas maiores proposições" (Adam, 1987: 7). É no último caso que ele coloca a descrição, definindo-a como *texto-seqüência produto da atividade de esquematização descritiva* (grifos nossos).

Para abordar a esquematização descritiva, Adam recorre à estrutura do descritivo, assim resumida por Apotheloz (*apud* Adam, 1987: 8):

> Globalmente falando, uma descrição resulta de uma série de colocações em equivalência, de unidades que são parcialmente levantadas sobre o objeto e que são compostas de ancoragem de predicados descritivos, estes últimos podendo eles mesmos conter unidades que são suscetíveis, por seu turno, de constituir o lugar de novos pontos de ancoragem de outros predicados, e assim por diante.

Ao assumir tal definição, Adam retoma as cinco operações por ele propostas – *ancoragem*, *afetação*, *assimilação*, *aspectualização* e *tematização*, considerando-as como operações de base da atividade lógico-discursiva de esquematização descritiva. Segundo ele, essas operações estão presentes tanto na base da produção quanto na da compreensão de textos descritivos, sendo que as duas primeiras (ancoragem e afetação) estariam relacionadas à macroestrutura semântica do texto descritivo, o que ele chama de coesão referencial, enquanto as três últimas estariam relacionadas à superestrutura do texto.

A passagem dessas operações para a superestrutura do descritivo é feita, segundo o pesquisador, por meio de duas operações: a aspectualização, de um lado, dada como a mais importante no desenvolvimento das propriedades e de suas partes, e a relação, de outro, compreendendo a assimilação dentro de uma dada situação.

A aspectualização é o centro do processo descritivo, pois ela se constrói sobre as partes do todo e este constitui o objeto do discurso descritivo (tema-título). Nesse caso, "falar-se-á sobre macroproposições descritivas. Se, após a tematização, houver a necessidade de desenvolver uma parte da parte ou de qualquer outro aspecto da parte, isto é, se a unidade que aparece não for diretamente (hierarquicamente) ligada ao tema-título, falar-se-á de microproposições descritivas" (Adam, 1987: 11).

O autor explica que a primeira espécie de proposições descritivas deve ser considerada como sinedóquica por excelência, pois implica a enumeração de n-partes-elementos do tema-título ou subpartes e elementos de unidades tematizadas. A macroproposição de aspectualização sai, portanto, das propriedades ou qualidades – cor, dimensão, tamanho, forma, número etc. Se se tratar de uma *qualidade propriedade do tema-título*, é uma macroproposição; se, entretanto, se tratar de uma *qualidade propriedade de uma certa parte tematizada*, é uma microproposição.

A *colocação em relação*, por sua vez, dá lugar ou à assimilação (por comparação, metáfora ou reformulação) de primeiro setor, ligada ao tema-título, ou à situação, que também diz respeito ao objeto do discurso descritivo, porém em um conjunto mais amplo, pois aqui se trata de uma relação metonímica. A proposição referente à situação é denominada pelas categorias do espaço (*Sit Loc*) ou do tempo (*Sit Tps*) e permite colocar um objeto em relação metonímica com outros objetos (secundários, exteriores, contíguos). Essa operação afetará, pois, diretamente, o tema-título.

Considerando a tematização como operação essencial para pensar a expansão textual descritiva e permitir o desenvolvimento das microproposições descritivas na estrutura profunda identificável, Adam (1987: 12) afirma dispor de "um modelo teórico bastante econômico", que pode ser visualizado no seguinte esquema:

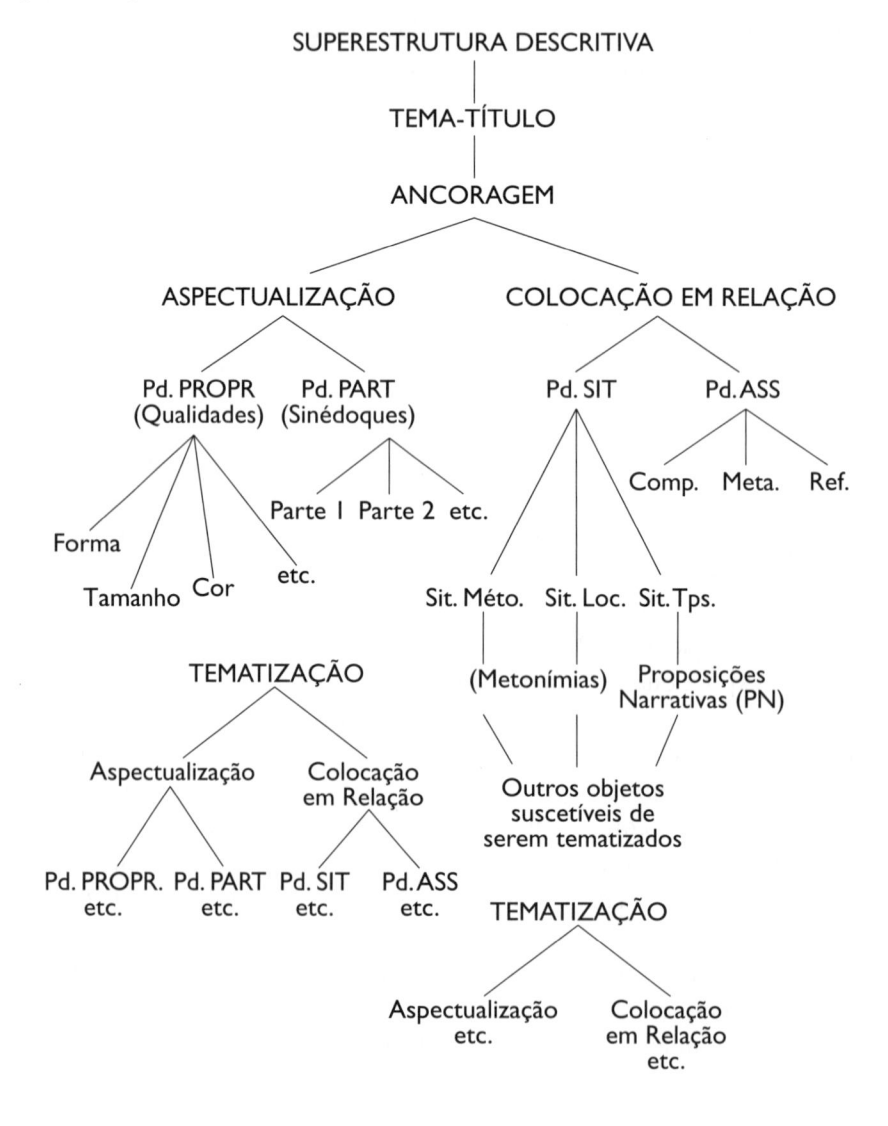

SUPERESTRUTURA DESCRITIVA
|
TEMA-TÍTULO
|
ANCORAGEM

ASPECTUALIZAÇÃO — COLOCAÇÃO EM RELAÇÃO

Pd. PROPR (Qualidades) — Pd. PART (Sinédoques) — Pd. SIT — Pd. ASS

Forma, Tamanho, Cor, etc. — Parte 1, Parte 2, etc. — Sit. Méto., Sit. Loc., Sit. Tps. — Comp., Meta., Ref.

TEMATIZAÇÃO — (Metonímias) — Proposições Narrativas (PN)

Aspectualização — Colocação em Relação — Outros objetos suscetíveis de serem tematizados

Pd. PROPR. etc. — Pd. PART etc. — Pd. SIT etc. — Pd. ASS etc.

TEMATIZAÇÃO

Aspectualização etc. — Colocação em Relação etc.

Comentando o esquema, esse teórico destaca o caráter aberto (infinito teoricamente, mas limitado, pragmaticamente) de sua expansão, em que os *etc.* fazem parte da estrutura, e afirma que uma macroproposição descritiva corresponde a uma relação direta com o tema-título, sendo que a propriedade escolhida ou sua expansão predicativa pode trazer:

1. propriedades – qualidades (*Pd. PROPR*):
2. partes (relação sinedóquica do todo – *Pd. PART*);
3. um lugar de situação (*Pd. SIT*): metonímica (*Sit. Méto.*); especial (*Sit. Loc.*) ou temporal (*Sit. Tps.*)

O autor entende que *Sit. Méto*, diferentemente de *Pd. PART* sinédoque, consiste em desenvolvimentos contíguos que trazem, por exemplo, unidades-propriedades descritivas relativas a vestimentas de personagens e não a unidades de seu corpo.

Quanto às microproposições descritivas (*Pd.*), essas correspondem a níveis hierárquicos de estrutura profunda. O *indivíduo-argumento* é tematizado, isto é, forma-se *como subtemas*, por uma expansão de predicados.

O autor conclui que a construção das proposições descritivas pode explicar-se, perfeitamente, por meio do seguinte esquema teórico:

> A ancoragem dá o indivíduo-argumento pelos predicados obtidos pela aspectualização (Pd. PROPR e Pd. PART), ou pelo lugar de relação (Pd. SIT e Pd. ASS) – a tematização fixa o indivíduo-argumento (mais o tema-título) por um predicado obtido pela aspectualização (Pd. PROPR e Pd. PART) ou pelo lugar de relação Pd. SIT e Pd. ASS) (Adam, 1987: 13).

Tal esquema tem a finalidade de servir à literatura, mais especificamente ao estudo de trechos descritivos retirados de *Mme. Bovary*, de Flaubert, e, embora o autor se refira ao termo superestrutura, os exemplos de análise que submetem a esse esquema revelam que o trabalho privilegia os níveis micro e macroestruturais do texto, destacando elementos descritivos em micro e macroproposições.

Com a formalização da superestrutura do descritivo, o trabalho de Adam, embora não tenha chegado às categorias do referido tipo de texto, traz uma contribuição muito importante para se chegar a elas, além de apontar caminhos para a análise do texto descritivo em níveis micro e macroestruturais.

Os estudos até aqui apresentados, que enfocam amplamente o descritivo, seja por características teóricas, seja por características funcionais, demarcaram finalmente seu território e, dessa forma, atribuíram-lhe um estatuto próprio, constituindo-se como uma etapa geradora de novas pesquisas.

4. Descritivo: instrumento para a prática pedagógica

A existência do descritivo caracterizado por um estatuto próprio, liberto da condição de mero auxiliar da narrativa, levou pesquisadores que o reconheceram como elemento fundamental à recepção e produção de textos a investigarem sua ocorrência em diferentes situações, a fim de remeterem a pesquisa para o ensino. Movidos por esse mesmo objetivo, utilizando objetos descritivos diferentes, Haas & Lorrot, Reuter, Vinson e Duhamel & Masseron desenvolveram trabalhos, todos datados de 1987, que oferecem também contribuições.

No que se refere ao trabalho de Haas & Lorrot (1987), a proposta pedagógica que buscam estabelecer para o texto descritivo tem por objetivo permitir à criança escrever descrições e, ao produzi-las, fazê-lo com prazer. Para tanto, as autoras utilizam um *corpus* formado por diferentes textos descritivos, incluindo os de caráter científico e, posteriormente, o descritivo dentro da narrativa. Baseando-se nos trabalhos desenvolvidos por Genette (1966), Hamon (1972, 1981), Adam & Petitjean (1982, 1982a), entre outros, elas partem de uma situação de leitura e estabelecem os seguintes passos para a análise:

1. leitura e classificação dos textos apresentados, diferenciando descrição, narração e poesia;
2. verificação da coesão das descrições, situando os modos de organização do texto descritivo, partindo do seguinte esquema:

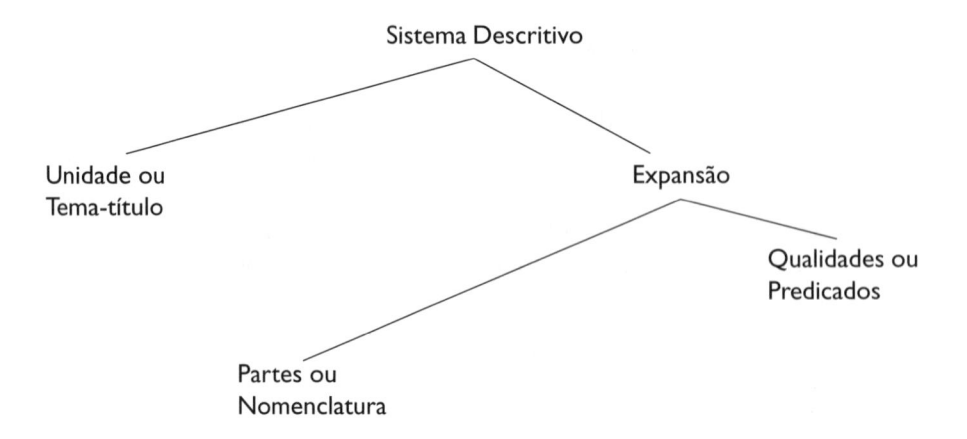

```
                    Sistema Descritivo
                   /                  \
        Unidade ou                     Expansão
        Tema-título                   /        \
                                     /          Qualidades ou
                                    /           Predicados
                           Partes ou
                           Nomenclatura
```

3. percepção do modo de inserção do descritivo na narrativa, no dizer de Hamon, *sem pontos de sutura*.

Ao proporem esses procedimentos, as autoras têm em vista uma "matriz de condutas descritivas, na formação, junto às crianças, de uma competência descritiva" (Haas & Lorrot, 1987: 29) e justificam a validade dessa proposta para crianças habituadas a classificar textos segundo critérios formais ou de funcionamento, aptas a distinguir uma argumentação de uma explicação.

Haas & Lorrot explicitam também que vêem a descrição dentro das tipologias de textos, uma vez que ela pode ser percebida e isolada em textos narrativos e outros, por ser bem destacável. Elas não chegam a propor nenhum esquema de organização do descritivo, pois, como colocam na delimitação do trabalho em questão, procuram fazer algumas reflexões sobre as tipologias que fazem desaparecer a descrição e as que, ao contrário, ressaltam essa modalidade, "sem pretender resolver esse problema difícil das tipologias" (Haas & Lorrot, 1987: 30).

As reflexões das estudiosas sobre a questão da tipologia[6] desencadeiam-se de uma classificação em três categorias, a saber:

1. tipologias que se apóiam sobre os parâmetros escolhidos da situação de produção e sobre a maneira em que esses parâmetros podem ser traduzidos em superfície. A situação de produção pode ser formal ou social ou, ainda, as tipologias podem apoiar-se sobre a relevância desses dois aspectos. De qualquer maneira, essas tipologias não fazem aparecer a descrição; elas opõem os seguintes tipos textuais: narrativa/discurso ou, conforme a equipe de Genebra, discurso em situação/discurso teórico, eventualmente poético, os quais se definem em função da situação material de produção e/ou da situação de interação social, portanto, determinada pelos parâmetros escolhidos;
2. tipologias que se apóiam sobre o aspecto comunicativo dos textos e os classificam conforme função intencional comunicativa, utilizando-se dos principais atos de fala: convencer, assentar, questionar. Essa classificação, entretanto, segundo as autoras, parece *bastante fugidia*, porque as formas de textos que podem ser colocados em relação com esses diferentes atos parecem deslocar-se de um tipo a outro: no caso da descrição, por exemplo, uma descrição de um pulmão destruído pelo tabaco servirá de argumentação, ao passo que um tratado de anatomia é informativo.

Nessa perspectiva comunicacional, Haas & Lorrot destacam que a descrição *serve para tudo*: para informar, explicar, persuadir, expressar poesia etc.

3. a terceira classificação repousa sobre a forma textual, sobre a superestrutura, "bem analisada pelos pesquisadores, de fato, um tipo perfeitamente identificável" (Haas & Lorrot, 1987: 30).

---

[6] Haas & Lorrot usam o termo no plural; nós o empregamos no singular, de acordo com Van Dijk.

Exatamente neste ponto – o da superestrutura –, as autoras, por considerarem a questão bem analisada pelos pesquisadores, não se aprofundam no assunto; apenas ressaltam que o descritivo, nas pesquisas sobre as superestruturas textuais, foi colocado ao lado do explicativo e do argumentativo, e, também, destacam a estrutura específica do descritivo em contraposição à do narrativo, tal como fora proposta por Hamon (1981: 31): "de um lado, uma estrutura lógica do tipo binário que conduz o leitor a passar de um estado a outro; de outro lado, uma classificação de superfície".

Tal perspectiva direciona Haas & Lorrot a proporem um trabalho sobre o descritivo como um modo de organização de conteúdos, como um procedimento *linguajeiro*, conforme expressão de Bronckart e sua equipe (*apud* Haas & Lorrot, 1987), mais que como um tipo de texto. Contudo, essa referência à organização de conteúdo deveria repousar sobre uma estrutura, que seria a superestrutura do texto descritivo.

Da forma como o assunto é abordado, os estudos privilegiam a competência comunicativa, em detrimento da textual. O próprio procedimento de análise do descritivo proposto pelas pesquisadoras evidencia esse fato, na medida em que, ao focalizarem a situação de escrita, solicitam aos alunos que criem uma situação de descrição, considerando, principalmente, o descritor e seu saber, bem como o destinatário, seu saber e seu horizonte. Os parâmetros levantados pelas autoras não levam em conta, todavia, os elementos textuais responsáveis pela produção de um texto coerente e completo.

Em síntese, o trabalho ora discutido não aborda a questão da superestrutura do descritivo; parte do ponto de que o descritivo deve ser estudado dentro da tipologia textual, mas atém-se à situação de comunicação.

Também o trabalho de Vinson (1987) refere-se a uma experiência desenvolvida com alunos, tendo por objetivo demonstrar que a leitura ajuda no processo da escrita. Partindo do binômio descrição e ponto de vista, a autora estabelece como objetivo central de seu estudo uma abordagem sobre a descrição, em narrativas, para melhorar a leitura/escrita dos alunos.

Embora ressalte que escolher trabalhar descrição e ponto de vista seja também querer utilizar os elementos que propõem a gramática textual e a tipologia de textos sobre os enunciados que a narratologia moderna domina, fazendo, inclusive, menção ao trabalho de Hamon (1981), Vinson, ao longo de sua exposição, não chega a abordar o descritivo como um tipo de texto. Ela detém-se no processo da enunciação, e, pela própria natureza de seu trabalho, coloca como centro de suas preocupações o descritor, uma vez que os diferentes pontos de vista sobre um mesmo referente a ser descrito têm suas mudanças em função de diferentes pontos de vista, reforçando, assim, a posição daquele que vê e representa.

Assim, segundo as colocações da pesquisadora, "o trabalho do ponto de vista particular (descrição e ponto de vista) inserido num projeto global (a redação de uma narrativa autobiográfica) é justificado. Não se trata mais de descrever por descrever, mas para escolher o tipo de descrição melhor adaptada, tomar conhecimento de sua organização e de sua articulação com o ponto de vista" (Vinson, 1987: 99).

Quanto ao trabalho de Duhamel & Masseron (1987), igualmente inscrito na área pedagógica, esse tem por objetivo fazer uso da descrição em textos narrativos, como motivação para a leitura.

O trabalho em questão revela a dificuldade e o tédio provocados pela leitura de descrições longas demais. Referindo-se a essa dificuldade, as autoras asseveram que as descrições tanto podem ser úteis como inúteis e que, se forem inúteis, melhor até não lê-las. Essa colocação, sem dúvida, corrobora a existência de um descritivo independente, que pode inserir-se na narrativa, não como parte dela, mas como algo autônomo, o que nos remeteria à defesa feita por Hamon (1981) sobre a existência de um estatuto da descrição, longe de ser apenas uma subserviente da narrativa.

Duhamel & Masseron enfatizam mais ainda a existência do descritivo como unidade autônoma, quando, referindo-se aos longos trechos descritivos, colocam-nos como "passagens que podem ser lidas *sem o romance*" (Duhamel & Masseron , 1987: 101, grifo nosso).

Elas escolhem para *corpus* de seu trabalho o que chamam de "três máquinas textuais zolianas": descrição da *Voreux*, em *Germinal*; da *locomotiva*, em *A besta humana*; e do *alambique*, em *L'assommoir*.

Dentro das atividades propostas para leitura, chama-nos a atenção uma que, segundo as estudiosas, permite começar a utilizar um esquema simplificado do tipo descritivo, na linha do trabalho desenvolvido por Adam & Petitjean (1982). Nessa atividade, três são os pontos pedidos como passos da leitura: o personagem descritor, a organização interna da descrição e o investimento metafórico. Desses, interessa-nos, particularmente, a organização interna da descrição, na medida em que traz subsídios para nossas reflexões, em busca do esquema do descritivo.

Para tratar dessa questão, as autoras retomam, inicialmente, o esquema já conhecido e proposto por Adam & Petitjean (1982):

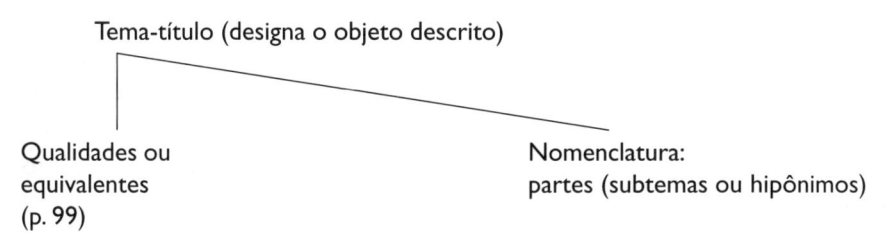

Tema-título (designa o objeto descrito)

Qualidades ou
equivalentes
(p. 99)

Nomenclatura:
partes (subtemas ou hipônimos)

Em seguida, sempre se remetendo aos trabalhos de Hamon (1981) e de Adam & Petitjean (1982), as autoras dão destaque especial ao papel do personagem-descritor, responsável, no texto, pela representação do objeto descrito: "com efeito, o ponto de vista dos personagens-descritores – o que eles vêem e a maneira com que eles o fazem – comanda um certo modo de recorte do objeto: os personagens são, como sugere Hamon, regidos pelo descritivo" (Duhamel & Masseron, 1987: 111).

Tratando desse traço de organização da descrição, que ressalta o papel do descritor como responsável pela filtragem das qualidades que serão descritas, Duhamel & Masseron referem-se a duas operações que corroboram, a nosso ver, a natureza do texto descritivo como todo x partes, ainda que não se refiram a esses termos. Segundo elas,

> a descrição de um objeto necessita que esse seja submetido – pela filtragem do olhar descritor – a duas operações muito próximas das técnicas da fotografia; a primeira operação é aquela do *enquadramento geral*, que visualiza o objeto num plano de conjunto, colocando-o em relação com outros objetos que lhe são contíguos, o localizante – num espaço que engloba; a segunda operação é aquela do recorte do objeto, que o especifica em *subpartes*: a descrição desce, assim, para o detalhamento a partir de *grandes planos sucessivos*" (Duhamel & Masseron, 1987: 112-113, grifos nossos).

Outros elementos da organização interna do descritivo abordados pelas autoras são a *ancoragem* e a *situação*, também propostos por Adam & Petitjean (1982a). No tratamento específico do texto analisado por elas – descrição de máquinas –, vemos retomada a *ancoragem*, pela qual se enuncia e se localiza, num espaço delimitado, o tema-título do objeto descrito. No tocante às máquinas – caso específico do trabalho em questão – cada uma delas é objeto de uma decomposição em subpartes; cada subparte ou *hipônimo* do tema-título pode, por sua vez, tornar-se o tema de um novo enunciado descritivo. A emissão do tema-título numa série de subtemas evidencia, segundo Duhamel & Masseron, o descritivo como uma organização metonímica.

Em suma, a leitura dos pontos selecionados do trabalho em questão leva-nos à constatação de que as pesquisadoras, embora tratando de textos descritivos dentro de romances – no caso, as descrições de máquinas –, enfatizam a existência do descritivo como organização autônoma, específica e reveladora de um processo metonímico, em que o texto é montado por partes e subpartes, no dizer de Hamon (1981). Elas não chegam a formalizar um esquema para o texto descritivo, mas dão várias pistas que podem se converter em contribuição para essa tarefa.

Duhamel & Masseron (1987: 123) concluem seu trabalho afirmando que o objetivo por elas traçado não foi o de "perfeita fidelidade teórica", mas o de "assegurar pedagogicamente o rendimento das noções elaboradas".

Finalmente, no que se refere ao trabalho de Reuter (1987), mais uma vez temos o descritivo analisado em trechos narrativos, e a pesquisadora propõe como objetivo estabelecer um estudo de protocolo como prática de escritura, manifestando uma preocupação de favorecer reflexões e atividades de ordem cognitiva e, assim, ultrapassar a concepção e as práticas da descrição na escola.

A fim de atingir o objetivo proposto, ela trabalha com um *corpus* formado por fragmentos de narrativas, cujo enfoque é dado à descrição de mulheres, e justifica a opção pela descrição por considerá-la fundamental à narrativa, já que ocupa um lugar de escolha no tratamento do narrativo-ficcional-literário, pois, como *uma seqüência recuperável*, no dizer de Adam (1987), a descrição pode ser facilmente isolada. Em outras palavras, Reuter destaca a função da descrição na narrativa, como outros autores também o fizeram, e afirma, ainda, que tal modalidade induz ou pode induzir uma solução escolhida, por orientar as escolhas narrativas e, ao mesmo tempo, caracterizar-se, para muitos leitores, como um abrandamento e um aprofundamento da narrativa.

Respaldando-se, portanto, nessas características da descrição, a autora marca sua posição em relação à amplitude do exercício que essa modalidade pode proporcionar:

> Pratica-se a descrição, então, de forma importante, com base em alguns princípios fundamentais: isolada, ela é ensinada como 'bloco autônomo', o que não ocorre sem problemas, conforme Genette, Hamon e outros, considerando que sua autonomia é restrita e que – sobretudo no romance – ela se submete ao narrativo. Descritível, ela é ensinada como reflexo o mais fiel possível de um referente. Na base, encontra-se, de maneira exacerbada, o que Ricardou (1973) chama de 'dogma da expressão' – representação (Reuter, 1987: 47).

Independentemente de ser um bloco dentro da narrativa ou de ser a representação de um referente, a estudiosa destaca que a descrição tem um caráter de *favorecedora de operações de planificação e estruturação*. Assim, partindo do estudo de protocolo, ela observa que as marcas descritivas se remetem a operações que revelam um processo textual, as quais são por elas facilitadas. O escritor não consegue produzir tudo, e o risco fica por conta da sobrecarga cognitiva. Reuter (1987: 60) enfatiza o papel do descritor, afirmando que "as descrições praticam conjuntamente qualificação e avaliação, descrevem tanto o descrito como o descritor".

Em síntese, a autora trabalha com o levantamento de protocolo em descrição de personagens femininos, como *bloco autônomo*, na mesma concepção de

Hamon (1981) e Genette (1966), mas não chega a pesquisar a natureza desse bloco. Dessa forma, também esse estudo não visa ao descritivo como um tipo específico de esquema de texto, pois seu objetivo é o de mostrar como o protocolo permite articular o trabalho sobre o descritivo com os problemas mais gerais ligados à escritura, rompendo com as práticas tradicionais segundo as quais se vê a descrição apenas como reflexo fiel de um referente.

Os estudos apresentados, centrados no uso da descrição na prática pedagógica, focalizando ora situação de leitura, ora situação de escrita, evidenciam a concepção que os autores tiveram em relação ao descritivo como uma unidade textual merecedora da atenção dos pesquisadores, na medida em que valoriza esse tipo de texto e destaca sua ampla ocorrência, principalmente na narrativa. Uma reflexão sobre as pesquisas aqui discutidas corrobora a urgência de inserção do descritivo no campo da tipologia textual e ressalta o fato de que se trata de um problema de difícil solução ainda por ser resolvido.

5. Descritivo na tipologia textual: tarefa para a Lingüística de Texto

Constatamos dois trabalhos produzidos no Brasil (Neis, 1986; Fávero & Koch, 1987), os quais, partindo dos estudos desenvolvidos principalmente por Hamon (1972, 1981) e Adam & Petitjean (1982, 1982a), apresentam como objetivo abordar o descritivo do enfoque da tipologia textual.

Neis (1986), por meio de uma revisão crítica das pesquisas anteriormente desenvolvidas, apresenta elementos de tipologia do texto descritivo, tratando do estatuto da descrição, de seu conceito básico, da coesão nessa modalidade e das variações do tipo descritivo.

Postulando com Adam & Petitjean (1982a) que, além de uma competência narrativa, os falantes possuem uma competência descritiva, o autor destaca a importância do estudo do descritivo para a produção e recepção de textos e atribui à Lingüística Textual a tarefa a ser cumprida: cabe a ela "definir, com base na pesquisa sobre a constituição e o funcionamento de textos considerados descritivos, o que faz com que uma descrição seja uma descrição, o que a distingue de outros tipos textuais e como integra os diferentes tipos discursivos" (Neis, 1986: 49).

Fávero & Koch (1987), por sua vez, dão um passo além em relação aos trabalhos anteriores, na exata medida em que propõem uma contribuição à tipologia textual, traçando uma comparação entre os tipos *narrativo descritivo expositivo* ou *explicativo*, *argumentativo* stricto sensu, *injuntivo* ou *diretivo* e *preditivo*, sistematizando elementos que caracterizam cada um desses tipos.

Considerando que o estabelecimento de critérios adequados deva ser o primeiro passo para solucionar a questão da tipologia, as autoras situam três dimensões básicas para a comparação/diferenciação/tradução de textos, assim definidas:

a) dimensão pragmática, que diz respeito aos macroatos da fala (conforme Van Dijk, 1978) que o texto realiza e aos diversos modos de atualização em situações comunicativas;
b) dimensão esquemática global, ou seja, os modelos cognitivos ou esquemas formais, culturalmente adquiridos (conforme superestruturas de Van Dijk);
c) dimensão lingüística de superfície, isto é, as marcas (sintático/semânticas) encontradas no texto que facilitam ao alocutário o esforço de compreensão, permitindo-lhe formular, a partir delas, hipóteses sobre o tipo de texto.
(Fávero & Koch, 1987: 5).

No que se refere especificamente ao tipo descritivo, as autoras estabelecem, dentro de cada uma das dimensões acima citadas, os seguintes limites:

a) dimensão pragmática:
 – macroato: asserção de enunciados de estado/situação;
 – atitude comunicativa: mundo narrado ou mundo comentado;
 – atualização em situações comunicativas: caracterização de personagens (física e/ou psicológica) e do espaço (paisagens e ambientes) em narrativas; guias turísticos, verbetes de enciclopédias, resenhas de jogos, relatos de experiências ou pesquisas, reportagens etc.

b) dimensão esquemática global:
 – superestrutura descritiva;
 – ordenação espaço-temporal (tabularidade predominante) e apresentação das qualidades e elementos componentes do ser descrito;
 – categorias: palavra de entrada (tema-título): denominação, definição, expansão e/ou divisão (nomenclatura de subtemas).

c) dimensão lingüística de superfície:
 – marca: verbos predominantes de estado, situação ou indicadores de propriedades, atitudes, qualidades; unidade do estoque lexical assegurada pelo tema-título; relações de inclusão (hiperonímia-hiponímia); nexos ou articuladores relacionados à situação do objeto-tema e de suas partes no espaço; adjetivação abundante; parataxe; tempos verbais: presente, no comentário; imperfeito, no relato; emprego de figuras (metáforas, metonímias, comparações, sinestesias etc.).
(Fávero & Koch, 1987: 6-7).

A abordagem feita por Fávero & Koch evidencia a existência de várias tentativas de tipificação de textos. No entanto, tais tipificações – segundo as autoras – tomaram por base critérios derivados da Retórica, da Sociolingüística ou puramente funcionais, o modo de enunciação ou apenas as características formais e estruturais. Essa realidade solicita investigações sob "critérios mais abrangentes que se mostrem adequados à descrição global dos diversos tipos de textos, critérios estes que podem e devem ser encontrados à luz da Lingüística Textual" (Fávero & Koch, 1987: 3).

Retrocedendo à revisão dos trabalhos sobre o descritivo, constatamos essa diversidade de critérios e, conseqüentemente, um descritivo a ser definido em termos de superestrutura textual, já que a maior parte dos trabalhos prioriza *o que é descrito, quem descreve, como é descrito* e *para que é descrito*. Desse modo, *o que é o descritivo*, sob uma dimensão esquemática global, ficou relegado a um segundo plano, fato que justifica nossa tese dentro da delimitação que estabelecemos: buscar a superestrutura do descritivo e dar uma contribuição ao estudo da tipologia de textos.

CAPÍTULO III

Em busca da superestrutura do descritivo

1. Considerações gerais

Os estudos apresentados oferecem subsídios para afirmarmos que, assim como o narrativo e o argumentativo, entre outros, o descritivo também pode ocupar um lugar na tipologia textual. A existência de tal espaço deve-se, sem dúvida, a uma competência específica e a um modo próprio de enunciado, bem como a categorias e regras que definem sua superestrutura.

Na perspectiva de uma ampliação dos horizontes da pesquisa na área da Lingüística de Texto, com base em uma reflexão sobre os estudos já desenvolvidos, propomos, a seguir, a abordagem de cada um dos aspectos citados, a fim de tratarmos da superestrutura do descritivo.

2. Confronto entre modelos existentes

Fundamentados em pesquisas realizadas na narrativa, Ricardou (1973), Hamon (1981), Adam & Petitjean (1982) e Adam (1987) formalizaram modelos que propiciavam a análise do texto descritivo em textos literários. Embora esses modelos não tenham levado os autores às categorias do descritivo, contribuíram para o conhecimento de tal tipo de texto, indicando caminhos para chegarmos a elas. Por esse motivo, o confronto entre os modelos diferenciados será ser nosso ponto de partida.

Comparando os modelos de Hamon e de Adam, já que os outros – o de Ricardou e o de Adam & Petitjean – evoluíram para o modelo desse teórico, constatamos que eles apresentam pontos de convergência que merecem destaque:

1. Em Hamon:

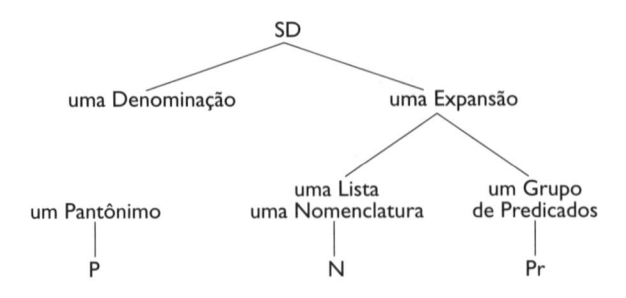

```
                        SD
            ┌───────────┴───────────┐
      uma Denominação         uma Expansão
                                    │
                          ┌─────────┴─────────┐
                      uma Lista          um Grupo
      um Pantônimo    uma Nomenclatura   de Predicados
            │               │                 │
            P               N                 Pr
```

2. Em Adam:

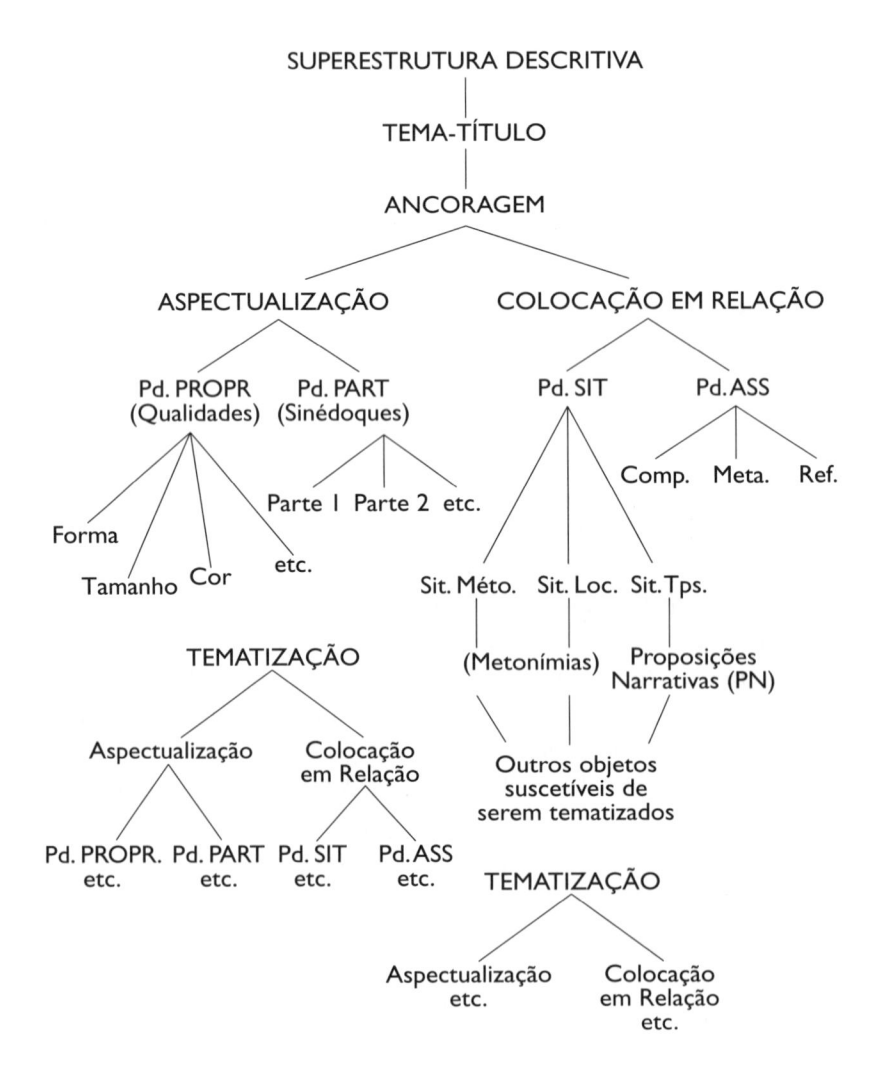

```
                  SUPERESTRUTURA DESCRITIVA
                              │
                         TEMA-TÍTULO
                              │
                         ANCORAGEM
                  ┌───────────┴───────────┐
           ASPECTUALIZAÇÃO         COLOCAÇÃO EM RELAÇÃO
            ┌─────┴─────┐              ┌─────┴─────┐
        Pd. PROPR    Pd. PART       Pd. SIT     Pd. ASS
       (Qualidades) (Sinédoques)                ┌──┼──┐
                                             Comp. Meta. Ref.
                       ┌──┴──┐
                   Parte 1 Parte 2 etc.
     Forma
                       etc.           Sit. Méto. Sit. Loc. Sit. Tps.
    Tamanho  Cor                          │          │         │
                                      (Metonímias)  Proposições
              TEMATIZAÇÃO                            Narrativas (PN)
         ┌─────────┴─────────┐
    Aspectualização      Colocação       Outros objetos
                         em Relação      suscetíveis de
    ┌──────┴──────┐     ┌────┴────┐      serem tematizados
 Pd. PROPR. Pd. PART  Pd. SIT  Pd. ASS
   etc.      etc.      etc.     etc.          TEMATIZAÇÃO
                                          ┌───────┴───────┐
                                    Aspectualização   Colocação
                                         etc.        em Relação
                                                        etc.
```

Entre os dois modelos, notamos:

1. convergência entre a denominação, em (1), e o tema-título, em (2).
   A denominação converge para o tema-título, na medida em que, segundo Hamon, assegura a permanência e a continuidade do referente, no conjunto do texto, conferindo, de outra forma, com a primeira metarregra de Charolles (1978), para a organização da coerência de um texto;
2. convergência entre *expansão*, em (1), e *ancoragem*, em (2).
   A expansão converge para a ancoragem, que compreende a *aspectualização* e a *colocação em relação*, já que, como diz Hamon, a expansão ocorre por colocação em equivalência ou por hierarquização, por meio de uma lista de palavras – uma nomenclatura (N) e um grupo de predicados (Pr).
   Adam, por sua vez, especifica (N) e (Pr) desta forma: para (N) – partes (sinédoques) e tematização; para (Pr) – propriedades e qualidades. Nesse sentido, o texto progride, semanticamente, expandindo por partes o todo designado por um tema-título. Ele especifica, ainda, a possibilidade de N (pd-partes) e Pr (pd-propriedades) também serem dadas por *colocação em relação*, ou seja, a possibilidade de as partes e as qualidades de um ser serem dadas pelas partes e propriedades de um outro ser.

Expansão e ancoragem conferem também de certo modo, com a metarregra (2) de Charolles – *progressão semântica* – para a organização textual da coerência.

A análise que fizemos dos pontos convergentes entre os dois modelos tratados abre-nos uma perspectiva quanto à caracterização da expansão do texto descritivo, que assim sintetizamos: um processo analítico–seletivo, de *todo x partes*, configurando uma expansão por blocos, que é explicativa-explicitativa, seguida de um processo seletivo-restritivo.

3. Descritivo e competência

Os estudos desenvolvidos por Hamon (1981), por Adam & Petitjean (1982, 1982a) e por Adam (1987) levaram-nos a postular uma competência descritiva, distinta de uma competência narrativa. A fim de tratarmos da competência descritiva, consideramos importante a retomada de algumas colocações, para início de nossas reflexões.

Segundo Adam & Petitjean (1982a), a descrição identifica-se com estratégias de escrita e de leitura que lhe correspondem, e todo escritor, ao produzir um texto descritivo, encontra duas dificuldades maiores: a primeira é a de conhecer a lista de palavras que a descrição exige para enumerar os elementos componentes; a segunda é a de que as seqüências descritivas devem produzir um efeito de coerência de conjunto.

Adam (1987), ao tratar especificamente do leitor, afirma que esse tem uma parte ativa ao interpretar o texto, pois é necessária a (re)construção do descrito, já que o objeto da representação não é simplesmente descoberto e sim reconhecido. O autor delimita, então, uma questão da Lingüística Textual: pode-se definir lingüisticamente um texto ou uma seqüência como descritivo? Há características textuais-seqüenciais que poderíamos dizer que são suscetíveis de produzir um efeito de seqüência e um julgamento tipológico tão preciso?

Ele abandona o que denomina como uma questão delicada dos saberes veiculados e transformados pelas representações descritivas e levanta hipóteses sobre o efeito de descrição, menos como efeito referencial e argumentativo e mais como efeito textual-seqüencial.

Dessa mesma ótica, Adam & Petitjean (1982) referem-se à existência de uma competência textual descritiva, em função da onipresença dos sistemas descritivos em textos de ficção e também no cotidiano dos discursos sociais, como um saber-fazer textual-comunicativo do homem. Foi na busca dessa competência textual descritiva, desse saber-fazer específico, que eles formalizaram os modelos de organização do descritivo de que já tratamos. Assim, ainda aqui, uma retomada das colocações de Hamon (1981) é importante.

Para Hamon, saber-fazer uma descrição implica habilidades de denominação e de expansão, que entram em um jogo de equivalências hierarquizadas, pois a denominação por uma palavra é expandida por um conjunto de outras palavras justapostas em listas. Então, pela denominação, recupera-se o objeto descrito, construindo-se o centro de referências como denominador comum da soma das partes enumeradas. Pela expansão, estabelecem-se relações entre uma nomenclatura e um grupo de predicados referentes a ela.

Desse modo, o teórico focaliza a competência descritiva de um prisma lingüístico lexical, compreendendo o léxico ativo do descritor, e explica que saber-fazer textos descritivos é saber operacionalizar um léxico conhecido, expandindo com ele uma designação do ser-descrito.

A fim de ampliar e melhor entender as noções de competência descritiva postuladas por Hamon e por Adam & Petitjean, buscamos estabelecer relações entre elas e a noção tradicional de *competência* proposta por estudiosos da Lingüística.

Inicialmente, a noção de competência foi formalizada por Chomsky (1965), que a considerou como a aptidão que o homem tem para produzir e compreender um número infinito de frases. Embora, para ele, essa noção envolvesse a frase, sua contribuição foi inovadora, uma vez que, ao tratar da produtividade, dinamizou o conceito de língua, que era demasiado estático segundo o modelo saussureano.

Conceber a língua como um processo produtor constituía, pois, um novo enfoque para novas teorias e, assim, a noção de competência passou a ser estendida da frase ao texto. A exemplo dessa nova concepção, podemos citar Chabrol (1973: 12-13), que, remetendo-se aos trabalhos de Van Dijk (1973) e Schmidt (1973), ressalta:

> nossa competência só pode ser textual, não frasal. Uma conversação, um artigo de jornal, um anúncio publicitário, um programa de rádio, um discurso político não se deixam apreender somente como uma seqüência de frases. Seu sentido não é equivalente à soma dos sentidos das frases isoladas que os compõem. Dever-se-ia perceber, intuitivamente, uma coerência textual superior integradora.

Na mesma direção, Van Dijk (1973: 203) assim escreveu:

> Tudo leva a crer que o sujeito falante conhece as regras subjacentes a essas relações (seqüências de frases). Sem isso, ser-lhe-ia impossível produzir enunciados textuais coerentes. Já que o sujeito falante pode produzir/interpretar um número infinito de discursos diferentes, sua competência é necessariamente uma competência textual.

Tais argumentos levam-nos a assumir a definição de competência de Greimas & Courtés (1979):

> A competência é um saber-fazer, é esse algo que torna possível o fazer (...) sob a denominação genérica de competência há um fenômeno muito vasto que faz parte da problemática da ação humana e constitui o sujeito como actante, qualquer que seja o domínio em que ela se exerça (...) Daí que se transpusermos o problema da competência do domínio (vasto, não obstante limitado) lingüístico para o da semiótica, podemos dizer que qualquer comportamento analítico, ou qualquer seqüência de comportamento, pressupõe uma competência particular que torna possível a sua execução.

Também entendendo a competência como um saber-fazer analítico sobre um conteúdo semântico, anos mais tarde, Charaudeau (1983) postulou uma competência *linguajeira* (de linguagem), que compreendia um conjunto de outras competências. Nesse sentido, poderíamos dizer que o ato de produção textual resulta de um conjunto de habilidades e que uma competência de linguagem se descreve por um conjunto de outras competências, tais como: a textual, a discursiva, a ideológica, a lexical, a narrativa, a argumentativa, a descritiva.

Enfocando o objeto central deste estudo – o descritivo –, iniciamos nossas reflexões com a seguinte pergunta: o que nos permite diferenciar um aglomerado incoerente de palavras de um texto descritivo coerente? Para tratarmos dessa questão, vejamos dois exemplos:

(1) "Máquina, samambaia, folha, doce, livro, edifício, antena, automóvel, pedaço, caixa, lustre".

(2) *Circuito Fechado*
Chinelos, vaso, descarga. Pia, sabonete. Água. Escova, creme dental, água, espuma, creme de barbear, pincel, espuma, gilete, água, cortina, sabonete, água fria, água quente, toalha. Creme para cabelo, pente. Cueca, camisa, abotoaduras, calça, meias, sapatos, gravata, paletó. Carteira, níqueis, documentos, caneta, chaves, lenço, relógio, maço de cigarros, caixa de fósforos. Jornal. Mesa, cadeiras, xícara e pires, prato, bule, talheres, guardanapo. Quadros. Pasta, carro. Cigarro, fósforo. Mesa e poltrona, cadeira, cinzeiro, papéis, telefone, agenda, copo com lápis, canetas, blocos de notas, espátula, pastas, caixas de entrada, de saída, vaso com plantas, quadros, papéis, cigarro, fósforo. Bandeira, xícara pequena. Cigarro e fósforo. Papéis, telefone, relatórios, cartas, notas, vales, cheques, memorandos, bilhetes, telefone, papéis. Relógio. Mesa, cavalete, cinzeiros, cadeiras, esboços de anúncios, fotos, cigarro, fósforo, bloco de papel, caneta, projetos de filmes, xícara, cartaz, lápis, cigarro, fósforo, quadro-negro, giz, papel. Mictório, pia, água. Táxi. Mesa, toalha, cadeiras, copos, pratos, talheres, garrafa, guardanapo, xícara. Maço de cigarros, caixa de fósforos. Escova de dentes, pasta, água. Mesa e poltrona, papéis, telefone, revista, copo de papel, cigarro, fósforo, telefone interno, externo, papéis, prova de anúncio, caneta e papel, relógio, papel, pasta, cigarro, fósforo, papel e caneta, telefone, caneta e papel, telefone, papéis, folheto, xícara, jornal, cigarro, fósforo, papel e caneta. Carro. Maço de cigarros, caixa de fósforos. Paletó, gravata. Poltrona, copo, revista. Quadros. Mesa, cadeiras, pratos, talheres, copos, guardanapos. Xícaras. Cigarro e fósforos. Poltrona, livro. Cigarro e fósforo. Televisor, poltrona. Cigarro e fósforo. Abotoaduras, camisa, sapatos, meias, calça, cueca, pijama, espuma, água. Chinelos. Coberta, cama, travesseiro.
RAMOS, R. (1978). *Circuito fechado.* 2. ed. Rio de Janeiro: Record.

Comparando (1) e (2), observamos que, em (1), ao aglomerado de termos não subjaz um princípio de organização textual. Todavia, em (2), a seqüência de palavras, ainda que não seja estruturada por orações, permite ao leitor estabelecer relações semânticas e organizar o conjunto de palavras, reconhecendo-o como uma unidade referencial: *o cotidiano.* É esse saber-fazer que chamamos competência.

A competência descritiva pode ser definida como a aptidão do homem para produzir e compreender um número infinito de textos descritivos, graças a categorias e regras subjacentes a essa modalidade, englobando, entre outras, habilidades de análise e síntese. Todo falante de uma língua tem a capacidade de distinguir uma descrição coerente de um aglomerado incoerente de palavras e/ou de orações, sendo, por isso, capaz de parafrasear um texto, de resumi-lo, de atribuir-lhe um título, ou, ainda, de produzir um texto partindo de um dado título, além de saber se o texto será completo ou interrompido.

A competência descritiva define-se, então, por um conjunto de habilidades: uma habilidade de síntese, quando se designa o todo, ou quando se atribui título a um texto; uma habilidade de análise, quando se designa o todo tematizado por partes, ou quando se expande por blocos um texto.

4. Descritivo e seu enunciado

Quando se postula uma competência descritiva, diferenciada de outras competências, é necessário, no plano textual lingüístico, precisar o tipo de enunciado que subjaz à seqüência de frases manifestada na microestrutura do texto-ocorrência. Em lingüística, inicialmente, o enunciado é visto como o produto de um ato de enunciação, tratando-se, pois, de um segmento de discurso, de extensão variável, que relaciona o locutor com seu alocutário. Todavia, os estudos de narratologia estendem essa noção para o próprio discurso narrativo.

Bakhtine (1979), ao tratar do assunto, propõe para o conceito de enunciado uma reflexão de caráter translingüístico, considerando-o como a frase inserida num contexto de enunciação específico. Assim, o enunciado pode ser definido como uma forma canônica, apta de dar conta da organização dos discursos.

Desse enfoque, Everaert-Desmedt (1984) diferencia, entre os enunciados discursivos, um enunciado descritivo de um enunciado narrativo, sendo que o narrativo é definido como a representação de um acontecimento, implicando, portanto, a presença de dois componentes: a representação e o acontecimento. O descritivo, por outro lado, é organizado pela representação do ser, sem acontecimento. Então, uma representação sem acontecimento é uma descrição.

Greimas & Courtés (1979), por sua vez, concebem o enunciado como a relação-função que constitui os termos actantes do discurso. Eles entendem que é possível variar o investimento mínimo da relação e, dessa perspectiva, postulam duas formas de enunciados elementares:

1. enunciados de estado, que correspondem à disjunção e à junção de sujeitos e objetos;
2. enunciados de fazer, que exprimem as transformações.

Para os autores, tais enunciados estão estreitamente relacionados, já que os primeiros estão inseridos nesses últimos. O enunciado de estado, na situação inicial do enunciado de fazer, é descrito como um enunciado de estado disjuntivo (S ∪ O), uma vez que o sujeito está afastado de seu objeto de valor e modalizado por um querer ou dever alcançá-lo. Já na situação final, quando se obtém o sucesso, transforma-se o enunciado de estado inicial em enunciado de estado final, ou um estado conjuntivo (S ∩ O), pois o sujeito, tendo o poder e/ou o saber, fez e, portanto, alcançou o objeto de valor.

Desse modo, temos:

Situação Inicial Enunciado de Estado Disjuntivo	Saber-Transformador	Situação Final Enunciado de Estado Conjuntivo
(S ∪ O)		(S ∩ O)

Substituindo pela terminologia de Everaert-Desmedt, temos:

Situação Inicial	Transformador	Situação Final
Enunciado Descritivo	Fazer	Enunciado Descritivo
↑	↑	↑
(representação sem acontecimento)	(representação do acontecimento)	(representação sem acontecimento)

enunciado narrativo

A título de exemplificação, apresentamos tais enunciados no plano da narrativa, como tipo específico de discurso de ação:

(3) – Gestação de Cidades
Era uma vez três irmãs: Maria, Lúcia, Violeta, unidas nas correrias, unidas nas gargalhadas. Lúcia, a das negras tranças; Violeta, a dos olhos mortos; Maria, a mais moça das três. Era uma vez três irmãs, unidas no seu destino.
Cortaram as tranças de Lúcia, cresceram seus seios redondos, suas coxas como colunas, morenas, cor de canela. Veio o patrão e a levou. Leito de cedro e penas, travesseiros, cobertores. Era uma vez três irmãs.
Violeta abriu os olhos, seus seios eram pontudos, grandes nádegas em flor, ondas no caminhar. Veio o feitor e a levou. Cama de ferro e de crina, lençóis e a Virgem Maria. Era uma vez três irmãs.

Maria, a mais moça das três, de seios bem pequeninos, de ventre liso e macio. Veio o patrão, não a quis. Veio o feitor, não a levou. Por último veio Pedro, trabalhador da fazenda. Cama de couro de vaca, sem lençol, sem cobertor, nem de cedro, nem de penas. Maria com seu amor.

Era uma vez três irmãs: Maria, Lúcia, Violeta, unidas nas gargalhadas, unidas nas correrias. Lúcia com o seu patrão, Violeta com o seu feitor e Maria com o seu amor. Era uma vez três irmãs, diversas no seu destino.

Cresceram as tranças de Lúcia, caíram seus seios redondos, suas coxas como colunas, marcadas de roxas marcas. Num auto pela estrada cadê o patrão que se foi? Levou a cama de cedro, travesseiros, cobertores. Era uma vez três irmãs.

Fechou os olhos Violeta com medo de olhar em torno: seus seios bambos de pele, um filho pra amamentar. No seu cavalo alazão, o feitor partiu um dia, nunca mais há de voltar. Cama de ferro se foi. Era uma vez três irmãs.

Maria, a mais moça das três, foi com seu homem pro campo, pras plantações de cacau. Maria voltou do campo, era a mais velha das três. Pedro partiu um dia, não era patrão nem feitor, partiu num pobre caixão, deixou a cama de couro e Maria sem seu amor. Era uma vez três irmãs.

Cadê as tranças de Lúcia, os seios de Violeta, cadê o amor de Maria?

Era uma vez três irmãs numa casa de putas pobres. Unidas no sofrimento, unidas no desespero, Maria, Lúcia, Violeta, unidas no seu destino.

AMADO, J. (1978). *Terras do sem fim*. 39ed. Rio de Janeiro: Record, p. 118-119.

	Situação Inicial	Fazer-Transformador	Situação Final
Crianças	Era uma vez três irmãs unidas no seu destino: – Maria, Lúcia, Violeta, unidas nas correrias, unidas nas gargalhadas. – Lúcia, a das negras tranças, – Violeta a dos olhos mortos, – Maria, a mais moça das três.		Era uma vez três irmãs diversas no seu destino.
Adultas	– Lúcia, sem tranças, seios redondos, suas coxas como colunas, morenas, cor de canela	← Veio o patrão e a levou →	Leito de cedro e penas, travesseiro, cobertores
	– Violeta, seios pontudos, grandes nádegas em flor, ondas no caminhar	← Veio o feitor e a levou →	Cama de ferro e de crina, lençóis e a Virgem Maria
	– Maria, a mais moça das três, de seios bem pequeninos, de ventre liso e macio.	← (Veio o patrão, não a quis. Veio o feitor, não a levou. Por último) veio Pedro, trabalhador da fazenda →	Cama de couro de vaca, sem lençol, sem cobertor, nem de cedro, nem de penas. Maria com seu amor

Situação Inicial	Fazer-Transformador	Situação Final
Era uma vez três irmãs diversas no seu destino		(Era uma vez três irmãs unidas no seu destino): Era uma vez três irmãs numa casa de putas pobres, unidas no sofrimento, unidas no desespero, unidas no seu destino.
Lúcia, com seu patrão: leito de cedro e penas, travesseiro, cobertores.	← Cresceram as tranças de Lúcia, caíram seus seios redondos, suas coxas como colunas, marcadas de roxas marcas. Num auto pela estrada cadê o patrão que se foi? →	Lúcia sem o patrão: sem cama de cedro, sem travesseiros, sem cobertores.
Violeta, como feitor: cama de ferro e de crina, lençóis e a Virgem Maria.	← Fechou os olhos Violeta com medo de olhar em torno; seus seios bambos de pele, um filho pra amamentar. No seu cavalo alazão, o feitor partiu um dia, nunca mais há de voltar. →	Violeta, sem o feitor: cama de ferro se foi, sem lençóis e sem a Virgem Maria.
Maria, com Pedro, seu amor: cama de couro de vaca, sem lençol, sem cobertor, nem de cedro, nem de penas, no campo, nas plantações de cacau.	← Pedro partiu um dia, não era patrão, nem feitor, partiu num pobre caixão →	Maria, sem seu amor, a mais velha das três.

A noção de enunciado como forma canônica elementar da organização dos discursos narrativos, entretanto, situa o enunciado descritivo como submisso à narrativa, não emancipado.

Essa pode ter sido a razão de os estudos iniciais sobre o descritivo terem se desenvolvido em função da narrativa. Contudo, eles tiveram o mérito de evidenciar uma diferença fundamental entre os dois tipos: o enunciado narrativo, por ter a representação de um acontecimento, fazer-transformador, é marcado pela temporalidade, na relação inicial e situação final, ao passo que o enunciado descritivo, não tendo transformação, é atemporal.

Hamon (1972), ainda que estudasse o descritivo partindo da narrativa, já prenunciava a necessidade de se aprofundarem os estudos sobre o descritivo, ao concluir que narração e descrição, num primeiro momento, opõem-se entre si, mas devem ser consideradas como dois tipos estruturais em interação perpétua: há sempre o narrativo no descritivo e vice-versa; são dois tipos complementares a se construírem teoricamente, como duas tendências textuais.

De fato, há textos que se organizam apenas pelo enunciado descritivo. Vejamos:

(4) Cidadezinha qualquer
Casas entre bananeiras,
mulheres entre laranjeiras
pomar amor cantar.
Um homem vai devagar
Um cachorro vai devagar
Um burro vai devagar
Devagar... as janelas olham
Eta vida besta, meu Deus.

DRUMMOND DE ANDRADE, C. (1973).
Poesia completa e prosa. Rio de Janeiro: Nova Aguilar.

Ou ainda:

(5) Cidadezinha cheia de graça
Cidadezinha cheia de graça...
Tão pequenina que até causa dó!
Com seus burricos a pastar na praça...
Sua igrejinha de uma torre só!
....
Cidadezinha... tão pequenina
Que toda cabe num olhar...

QUINTANA, M. (1972).
Poesias. 2.ed. Porto Alegre: Globo.

(4) e (5), apesar de não apresentarem fazer transformador, são textos completos. Ambos se referem à cidade pequena de interior, ainda que tematizadas diferentemente: (4) pelo tipo de vida monótona dos habitantes e (5) pelo tamanho, que a torna "cheia de graça".

(4) organiza-se por:
 • Cidadezinha de interior é monotonia de vida,

e (5) por:
 • Cidadezinha de interior é lugar pequeno e gracioso.

O enunciado que estrutura os textos (4) e (5) é, portanto, x é y.

Dessa forma, um enunciado descritivo é um enunciado de ser que expande uma designação. Tal organização já havia sido intuída por Hamon (1981), assim como por Adam & Petitjean (1982), quando, ao se referirem às diferentes ocorrências do descritivo, afirmaram, respectivamente, que:

1. descrevemos todos os dias e de maneiras diferentes: para amigos, descrevemos um amigo ausente, uma paisagem visitada; para um turista, descrevemos um sítio, um itinerário, uma construção. A descrição não é, portanto, por princípio, um objeto literário. Os dicionários, as enciclopédias, os descritivos publicitários ou tecnológicos manipulam também esse objeto, dependendo de modalidades;
2. a onipresença dos sistemas descritivos nos textos de ficção e também no cotidiano dos discursos sociais (dicionários, enciclopédias, publicitários) torna possível a existência de uma competência textual descritiva.

Com base nas análises realizadas, concluímos que os diferentes discursos, referidos por Hamon e por Adam & Petitjean, são passíveis de serem formalizados pelo descritivo, organizando-se, por conseguinte, pelo enunciado *x é y*, que tem o verbo *ser* empregado como cópula, relacionando os termos pela predicação de propriedades que podem ser consideradas essenciais, transitórias, reais, fictícias etc.

No enunciado, *x* tem por função estruturar uma designação em relação a *y*, que tem por função estruturar uma expansão, por meio de novos recortes lexicais, com investimentos semânticos diferenciados, já que *y* se define por funções diferentes, dependendo do tipo de discurso, seja do cotidiano dos discursos sociais (dicionário, enciclopédia, publicitário), seja do discurso literário.

No dicionário, por exemplo, *y* tem por função expandir apenas as predicações do conteúdo definitório, de caráter genérico, ou seja, da espécie do ser. Já na enciclopédia, *y* tem a função de expandir predicações de conteúdo definitório, do saber-partilhado, mas já apresenta algumas predicações específicas de *um ser* individualizado em relação à espécie, embora, também, referenciais. Nos discursos publicitário e literário, por fim, *y* tem por função expandir predicações mais específicas do que genéricas, individualizando o ser descrito por tematizações decorrentes de cancelamentos e seleções que (re)constroem o ser descrito.

Vejamos no verbete *Natal* como se dá a organização no dicionário:

(6) Natal
1. relativo ao nascimento;
2. onde ocorreu o nascimento: cidade natal;

3. dia do nascimento;
4. dia em que se comemora o nascimento de Cristo (25 de dezembro);
5. Música. Qualquer canção de caráter popular inspirada nos festejos ou nos personagens natalinos.

FERREIRA, A. B. H. (1975). *Novo Dicionário da Língua Portuguesa*. Rio de Janeiro: Nova Fronteira.

Assim:

x = Natal
y = predicação 1, predicação 2, predicação 3, predicação 4, predicação 5.

Há, nessa estrutura, uma equivalência entre designação e as predicações que ela contém:

$x \Leftrightarrow^7 y$, por exemplo, entre as cinco predicações, selecionando a (4), temos: Natal é o dia em que se comemora o nascimento de Cristo; 25 de dezembro.

Logo, o dicionário é uma organização do léxico como instituição social e, assim, a equivalência entre x é y também pode ser definida como uma designação $\Leftrightarrow$ um conjunto de predicações aceitas pelo saber partilhado entre os membros da comunidade lingüística. Nesse sentido, em (6), para x é y, y tem a função de equivalência para a expansão.

Vejamos, agora, na enciclopédia, na qual também o enunciado de ser subjaz à organização de predicações do saber veiculado, como esse ocorre:

(7) *Natal*
Festa do nascimento de Cristo. Contudo, a data real desse acontecimento fundamental para a cronologia do Ocidente, pois o nascimento de Cristo marca o ano 1 da nossa história, não foi ainda satisfatoriamente reconhecida. Por isso, nos primeiros séculos, o Natal cristão era comemorado ora a 6 de janeiro, ora a 25 de março, e em alguns lugares a 25 de dezembro. O dia 25 de dezembro aparece pela primeira vez no calendário de Philocalus (354). No ano 245, o teólogo Orígenes repudiava a idéia de se festejar o nascimento de Cristo 'como se fosse ele um faraó'. A data atual foi fixada no ano de 440, a fim de cristianizar grandes festas pagãs realizadas neste dia: a festa mitróica (religião persa que rivalizava com o cristianismo nos primeiros séculos), que celebrava o *natalis invicti solis* (nascimento do vitorioso sol) e várias outras festividades decorrentes do solstício do inverno como *Saturnalia* em Roma e os cultos solares entre os celtas e os germânicos. A idéia central das Missas de

---

[7] ($\Leftrightarrow$... equivalência).

Natal revela claramente esta origem: as noites eram mais longas e frias, pelo que, em todos estes ritos, se ofereciam sacrifícios propiciatórios e se suplicava pelo retorno da luz. A liturgia natalina retoma esta luz e identifica Cristo com a verdadeira luz do mundo.

A árvore de Natal é de origem germânica, datando do tempo de S. Bonifácio. Foi adotada para substituir os sacrifícios ao carvalho sagrado de Odin, adorando-se uma árvore, em homenagem ao Deus-menino. O presépio foi introduzido no século XIII, por S. Francisco de Assis. Nas colônias dos EUA, os primeiros puritanos lá chegados suprimiram as festividades do dia de Natal, substituindo-as por um dia de jejum. Os imigrantes holandeses, chegados depois, ressuscitaram os festejos natalinos. No Brasil, é a celebração que mais profundamente está enraizada no sentimento nacional, sugerindo riquíssimo material poético e folclórico, com bases na religiosidade.

Cognominada simplesmente no interior brasileiro, de noite de festa, seu ponto alto é a 'missa do galo', celebrada à meia-noite.

ENCICLOPÉDIA BARSA (1973).
Volume 9, Rio de Janeiro/São Paulo.

Em (7),

x = Natal

y =
- festa do nascimento de Cristo;
- a data do nascimento de Cristo é questionável, no percurso da história;
- a data do nascimento de Cristo é motivo de comemoração;
- a comemoração do nascimento de Cristo são os diferentes festejos natalinos;
- a comemoração do nascimento de Cristo, da liturgia, é a missa do galo;
- a comemoração do nascimento de Cristo, de origem germânica, é a homenagem ao menino Deus, pela árvore de Natal;
- a comemoração do nascimento de Cristo, de origem franciscana, é a homenagem ao menino Deus e à sua família, pelo presépio;
- a comemoração do nascimento de Cristo dos primeiros colonos nos Estados Unidos é um dia de jejum.

O enunciado de ser, na enciclopédia, organiza um conjunto de saberes, reunidos e explicitados, com outras funções, além da de equivalência. Tal enunciado, hierarquicamente, ordena e subordina os outros enunciados de ser aí presentes e, assim, os de nível mais baixo são explicitações dos que estão num nível mais alto da hierarquia.

O conjunto dos enunciados de ser apresenta, então, uma equivalência entre designação e expansão, na medida em que a expansão é um saber científico, provido, portanto, de objetividade. Mas essa equivalência só ocorre entre os membros da sociedade que têm o tipo de saber das ciências do homem, conhecimentos gerais que abrangem todos os ramos do saber e possibilitam a hierarquização proposta.

Confrontando o discurso do dicionário com o da enciclopédia, notamos que a diferença entre eles consiste na forma da expansão: no dicionário, há apenas ordenação; na enciclopédia, há ordenação, seleção e hierarquização.

A estrutura x é y, que organiza o enunciado de ser, subjaz, também, ao texto descritivo literário e, nesse caso, y predica para x informações particulares que contêm a visão de mundo particular do descritor. As funções contidas em y, no enunciado de ser, são diversificadas, uma vez que agrupam predicações essenciais (genéricas e particularizantes), bem como predicações transitórias.

Vejamos, agora, no discurso literário, como o texto descritivo se formaliza pela relação que se estabelece entre x é y, já que no referido discurso temos predicações essenciais e transitórias do ser, que apresentam, ainda, subtipos de predicações:

(8) Natal... Na província neva.
Nos lares aconchegados,
Um sentimento conserva
Os sentimentos passados.

PESSOA, F. (1981). Obra poética.
Rio de Janeiro: Nova Aguilar, p.82.

Nesse fragmento de poesia, há referência a Natal, organizada pelo enunciado de ser, tendo y a função de expandir:

1. a predicação por equivalência, que é genérica (visão do grupo, que é necessária);
   - Natal é o dia do nascimento de Cristo, enunciado implícito, mas necessário para se obter a base do texto. O autor não precisa explicitá-lo na microestrutura, pois supõe que o leitor o conheça, já que é do saber-partilhado, conforme (6.4), citado anteriormente; não é necessário, também, explicitar que o dia 25 de dezembro, na Europa, ocorre durante o inverno: o dia 25 de dezembro é um dia do inverno;
2. a predicação por especificação, que é particularizante (visão do autor, que reconstrói o ser descrito num mundo possível):
   - no dia 25 de dezembro está nevando ("Na província neva");

- na província, as pessoas estão aconchegadas nos lares ("Nos lares aconchegadas"...);
- as pessoas estão reunidas pelo sentimento cristão ("Um sentimento conserva os sentimentos passados.");
- o enunciado de ser, pela cópula *estar*, organiza predicações transitórias, caracterizando e situando o ser descrito no tempo e no espaço, num mundo possível. Assim sendo, tais enunciados constroem a referência do texto, tematizando-a, fazendo-a progredir semanticamente pela expansão de outras predicações, além daquelas do saber partilhado.

Com base nos textos analisados e nas considerações tecidas, concluímos que o texto descritivo é organizado por um enunciado de ser, cujas funções categoriais diferenciam as predicações contidas em *y*, podendo ser não só genéricas como também particulares (permanentes e transitórias). Entre as transitórias, há predicações que individualizam e especificam a referência, situando-a no tempo e no espaço, construindo, desse modo, outros mundos possíveis a cada descrição.

Embora Hamon e Adam & Petitjean tenham se referido ao descritivo nos discursos sociais e nos de ficção, não os diferenciaram por tipos de organização, quanto à explicitação do número de suas categorias.

5. Superestrutura do descritivo

Este estudo leva-nos a reforçar a hipótese inicialmente proposta de que o descritivo apresenta uma superestrutura textual que lhe garante um lugar na tipologia de textos.

Postulando com Van Dijk (1980) que as superestruturas textuais são definidas por categorias e regras que organizam os diferentes tipos de texto, definir a superestrutura do descritivo implica especificar suas categorias e regras. A fim de atingir nosso objetivo, passaremos a tratar de tais categorias.

5.1. Categorias do descritivo

Assim como Van Dijk (1980), entendemos por categorias as funções textuais esquemáticas que possibilitam ao homem organizar e classificar as diferentes frases enunciadas num texto, sob certas isotopias, e consideramos que todo texto implica as categorias básicas da condensação e da expansão. Desse modo, acreditamos que o texto descritivo pode ser definido por três categorias:

- Categoria da Designação ——————— na condensação
- Categoria da Definição ——————⟶ na expansão
- Categoria da Individuação ⟶

• Categoria da designação

A categoria da designação compreende *nomear, indicar,* ou seja, *dar a conhecer,* para se determinar e qualificar certas marcas (Ferreira, 1975). Assim, *designar* implica *dar nome a, nomear,* portanto, *condensar,* num recorte lexical, um conjunto sêmico.

Por essa razão, Greimas & Courtés (1979: 113) escrevem:

> O termo designação é empregado ora como sinônimo de denotação ou de referência – indicando, nesse caso, o estabelecimento ou a existência de uma relação entre o signo lingüístico e o mundo natural (ou entre signos pertencentes a duas semióticas diferentes) –, ora para constatar uma equivalência entre duas unidades lingüísticas de dimensões sintagmáticas diferentes ou pertencentes a níveis lingüísticos distintos.

O léxico que se presta, entretanto, para falar de conhecimentos do mundo e das palavras que nos permitem designar e reconhecer objetos, é uma questão complexa. Nosso vocabulário depende de nossa confrontação com o real e das interações verbais com o outro. No entanto, a experiência do mundo não é universal; ela varia em função do contexto sociocultural e geográfico dos sujeitos.

Nomear é reconhecer objetos do mundo de que se tem conhecimento, e esses objetos mantêm entre si certas relações. Então, é necessário verificar as relações entre o léxico e o mundo, pois a palavra é uma representação do referente.

Segundo Sprenger-Charolles (1984), o desenvolvimento do léxico não é simplesmente um problema de ordem quantitativa e depende da evolução dos conhecimentos do mundo, ou, mais precisamente, de suas representações. O elemento central desse desenvolvimento é a passagem do estado das operações concretas para as operações conhecidas como lógicas.

Durante as operações concretas, não há a concepção das classes de objetos, não se tem a possibilidade de elaborar conceitos, representações abstratas. Por outro lado, no estado das operações lógicas, as representações são globais e mais conceituais. Nesse estado, as representações tornam-se mais diversificadas, podendo o indivíduo encontrar nas mais diferentes situações uma mesma classe de objetos. Assim, as definições que os sujeitos podem produzir e que estão contidas por condensação, na designação, são mais analíticas e mais ricas; para cada designação pressupõe-se um conteúdo que se predica para ela.

Hamon (1981) trata da designação como a capacidade que o indivíduo tem de referir-se a algo por uma palavra. Contudo, ele se refere a essa função como *denominação*. Uma vez que denominar implica *pôr nome em, designar, nomear* (Ferreira, 1975), preferimos o termo *designação*, já que significa *dar a conhecer, indicar* (Ferreira, 1975) e, por conseguinte, implica tanto nomear quanto parafrasear (como função de *x*, no enunciado *x é y*).

Uma lexia simples, composta ou complexa, que tem a função de designar, é um recorte lingüístico convencional do contínuo sêmico referencial. A língua caracteriza-se por tornar descontínuo, por meio de recortes lexicais, o contínuo sêmico do conhecimento humano. Cada um desses dados no contínuo sêmico pode ser classificado como antonímia ou como parassinonímia, dependendo, segundo Combettes (1984), de o recorte ser dado no eixo sintagmático (em pontos diferentes do contínuo sêmico = antonímia), ou no eixo paradigmático (no mesmo ponto do contínuo sêmico = parassinonímia).

Como recortes lexicais vistos como lexias em estado de dicionário (vocábulos), poderíamos dizer que a categoria da designação só compreenderia recortes dados no eixo sintagmático do contínuo sêmico, que é tido como referência do texto. No entanto, ao se investir lexicalmente um texto descritivo, sendo ele lugar de subjetividade, isto é, da visão de mundo particular do descritor, relacionada às suas intenções no ato discursivo, faz-se necessária a reconstrução da referência do texto. Nesse sentido, o descritivo utiliza uma nomenclatura memorizada (Hamon: 1981), construindo com ela parassinonímias no eixo paradigmático do contínuo.

Dessa forma, a categoria da designação tem a função de relacionar as diferentes lexias – ocorrências do texto, sejam elas simples, compostas ou complexas, conforme explica Pottier (1974), a fim de ordená-las e designar a referência do texto. Vejamos, no exemplo a seguir, lexias que designam tal referência:

(9) Ameixeira do Japão
Tive no começo da vida uma árvore que até hoje continua dentro de mim como um marco do tempo da infância e uma entidade importante de minha mitologia particular. Era a única existente no nosso pátio interno. Estava plantada num alto canteiro, num dos ângulos dessa área comum à nossa residência e à farmácia, numa zona pobre de sol, entre a cloaca máxima e um dos pavilhões hospitalares...

Conhecida entre nós pelo nome de ameixeira do Japão, essa árvore de porte médio não era das mais bonitas nem no desenho, nem na cor. Produzia frutos amarelos, de forma oval, com caroços graúdos e polpa parecida com pêssego. Eram comestíveis, mas tinham um sabor um tanto ácido, mesmo quando maduros.

VERÍSSIMO, E. (1976). *Solo de clarineta, memórias.*
8.ed. Porto Alegre: Globo.

No texto citado, temos a referência designada por:
- árvore;
- ameixeira do Japão.

Essas duas designações tornam-se parassinônimas no texto, investindo lexicalmente x.

• Categoria da definição

A categoria da definição compreende *determinar a extensão ou os limites de*, bem como *enunciar os atributos essenciais e específicos (de uma coisa), de modo que a torne inconfundível com outra* (Ferreira, 1975).

Sobre a definição, assim se manifestam Greimas & Courtés (1979: 101-102):

> Identificada com a paráfrase, a definição corresponde a uma operação metalingüística (ou a seu resultado) que vai quer de um termo à sua definição (em expansão), quer de um sintagma (ou de uma unidade textual) à sua denominação: esse movimento, de duplo sentido, está ligado à atividade de linguagem que joga com a elasticidade do discurso, graças à relação expansão/condensação.

Por conseguinte, a definição é uma paráfrase da designação e:

> como paráfrase, pode ser quer científica, quer não científica. A paráfrase não científica caracteriza o funcionamento quotidiano do discurso em que a relação entre denominação e definição é uma simples equivalência (identidade sêmica parcial); em contrapartida, a paráfrase científica inscreve-se no nível da metalinguagem e exige uma identidade total.
> No sentido amplo e científico, a definição se identifica, a rigor, com a descrição: a narrativa, por exemplo, só é definida depois do esclarecimento do conjunto de variáveis e da determinação de suas correlações. É por isso que, na prática, a definição não precede a análise, mas a segue.

A definição é, pois, entendida como um conjunto de predicações seqüenciadas a uma designação, e o que possibilita seqüenciar essas predicações é um saber partilhado. É nesse sentido que Martin (1983), examinando a relação entre x é y como estruturação da definição a diferencia de outros enunciados de ser que são estruturados da mesma forma. Segundo ele, a estrutura da definição é reconhecida e aceita pelos membros da comunidade lingüística como *a verdade por definição*, já que não se questiona o valor de verdade da predicação contida em y para a designação em x.

Todavia, como são várias as visões de mundo dos diferentes grupos sociais que usam uma mesma designação, há variabilidade de predicações contidas em y. Retomemos, por exemplo, *Natal*, em (6):

1. relativo ao nascimento;
2. onde ocorreu o nascimento: cidade natal;
3. dia do nascimento;
4. dia em que se comemora o nascimento de Cristo (25 de dezembro);
5. música: qualquer canção de caráter popular inspirada nos festejos ou nos personagens natalinos.

(Ferreira, 1975).

As predicações (1), (2) e (3) apresentam relação entre si e diferenciam-se por acréscimo e/ou cancelamento de semas. Já (4) e (5) são diferentes, pois se relacionam a outras referências.

Buscando exemplificar com o texto (6), temos:

x = Natal
y = predicação 1, predicação 2, predicação 3, predicação 4, predicação 5.

No dicionário, a equivalência entre x e y diferencia uma predicação da outra; já no texto, o autor estabelece equivalência entre x e y, porém somando várias predicações para um mesmo y, e é com esse processo que representa a sua visão de mundo no texto.

Tanto no dicionário quanto no texto, há equivalência entre a designação e as predicações contidas: $x \Leftrightarrow y$. Contudo, há diferença, pois, no dicionário, a equivalência resulta da verdade por definição; no texto, por sua vez, a equivalência é construída pelo descritor, construindo-se, assim, os mundos possíveis para o leitor.

Nessa categoria, o enunciado de ser x é y reescreve-se em $x \Leftrightarrow y$, fato que ocorre também na estrutura dos verbetes de dicionários, como foi exemplificado. Tal categoria é responsável pela (re)construção da referência do texto e segue a regra pragmática geral: o referente denotado pela designação pode ser identificado e estabelecido como um referente do discurso.

A categoria da definição permite, por exemplo, a um leitor, selecionar alinearmente as frases de um texto descritivo e ordená-las, a fim de construir o referente descrito no texto. Para exemplificar, retomemos o texto (9):

(9) Tive no começo da vida uma árvore que até hoje continua dentro de mim como um marco do tempo da infância e uma entidade importante de minha mitologia particular. Era a única existente no nosso pátio interno. Estava plantada num alto canteiro, num dos ângulos dessa área comum à nossa residência e à farmácia, numa zona pobre de sol, entre a cloaca máxima e um dos pavilhões hospitalares...
Conhecida entre nós pelo nome de ameixeira do Japão, essa árvore de porte médio não era das mais bonitas nem no desenho, nem na cor. Produzia frutos amarelos, de forma oval, com caroços graúdos e polpa parecida com pêssego. Eram comestíveis, mas tinham um sabor um tanto ácido, mesmo quando maduros.

Confrontando as predicações do dicionário com as frases atualizadas alinearmente no texto, para *ameixeira do Japão*, ou *nespereira*, temos:

a) *nespereira*:
1. árvore da família das rosáceas, procedente da Ásia e comum no Brasil, de folhas coriáceas e com pêlos, e cujos frutos, as nêsperas, são bagas amarelas e pubescentes, de sabor um tanto ácido, agradável; ameixa-amarela:
2. ameixeira.

(Ferreira, 1975).

b) *ameixeira*:
1. árvore pequena ou arbusto ornamental da família das rosáceas, originária da Europa e do Cáucaso, e que tem drupas de polpa doce ou ácida e frutos comestíveis.

(Ferreira, 1975).

c) *ameixeira do Japão*
1. árvore de porte médio;
2. árvore que produz frutos amarelos de forma oval, com caroços graúdos e polpa parecida com pêssego;
3. árvore de frutos comestíveis, mas com um sabor um tanto ácido, mesmo quando maduros.

(Veríssimo, 1976).

Verificamos nos exemplos dados que a categoria da definição está presente neles, assim como também estará em vários tipos de discursos sociais e/ou de ficção. Essa categoria expande o texto, propiciando a equivalência da exemplificação do conteúdo semântico que estava condensado na(s) palavra(s) ocorrência(s). Sem ela, não ocorreria a explicitação do semema em semas genéricos e (específicos) convencionados e do domínio do saber-partilhado. Por isso, ela pode ser identificada com a paráfrase: *p* é paráfrase de *q*, todas as vezes que *p* tiver equivalência com *q*, ou seja, todas as vezes que *p* puder vir no lugar de *q*, sem que haja alteração do sentido global do texto.

• Categoria da Individuação

A categoria da individuação compreende *especificar, distinguir*, ou seja, *especializar, particularizar, tornar individual* (Ferreira, 1975).

Para precisar o termo individuação, Greimas & Courtés (1979: 233) recorrem à tradição filosófica e assim escrevem: "na tradição filosófica, individuação é a realização da idéia geral em um certo indivíduo (Lalande). Segundo Leibniz, o princípio de individuação é o que faz com que um ser possua não apenas um tipo específico, mas uma existência singular, determinada no tempo e no espaço". Nesse sentido, a categoria da individuação pode referir-se a um conjunto de predicações *permanentes* e/ou *transitórias* do ser descrito.

No que se refere às predicações permanentes, podemos associá-las a um princípio de *identidade* do ser descrito, isto é, a um princípio de permanência que permite a um ser continuar o mesmo, mas diferenciado da classe à qual pertence, particularizado como indivíduo, identificado por características próprias.

Quanto às predicações transitórias, podemos associá-las a um princípio de *discriminação* do ser descrito, marcado pelo aspecto transitório, que serve como mudança da identificação em uma taxonomia específica, ou seja, a seqüência de palavras e frases não predica *o que é* o ser descrito, mas *como ele está* no tempo e no espaço em que é descrito. Em outras palavras, pela categoria da individuação, temos a conjunção entre *o que é o ser individualizado* e *como ele está individualizado* no recorte descritivo.

Para exemplificar tal categoria, é importante fazê-lo em comparação com as categorias anteriores. Assim, remetendo-nos ao texto (9), temos:

1. a categoria da *designação* manifestada por: árvore, ameixeira do Japão;
2. a categoria da *definição* manifesta por: árvore de porte médio, com frutos amarelos de forma oval, com caroços graúdos e polpa parecida com pêssego, frutos comestíveis, um sabor um tanto ácido.

Mas, ao ser identificada, pela *individuação*, temos:

- uma árvore que tive no começo da vida e que até hoje continua dentro de mim, como uma marca do tempo da infância e uma entidade importante de minha mitologia particular. Era a única existente no nosso pátio interno. Estava plantada num alto canteiro, numa zona pobre de sol entre a cloaca máxima e um dos pavilhões hospitalares.

Em síntese, como já dissemos, o enunciado *x é y* diferencia-se, categorialmente, pelo tipo de predicação:

1- *x é y*
x = designação;
y = definição, em que o conteúdo vocabular se estabelece em equivalência com x, dependendo do saber partilhado, ou seja, não há um significado unitário, mas um conjunto de predicações possíveis para o qual poderíamos dizer, segundo Martin (1983), que se trata da verdade por definição, pois não se questiona o valor de verdade desse conteúdo vocabular.

2- *x é y*
x = designação;
y = individualização, em que y expande a individualidade de um ser, caracterizando-o dentro de uma classe de ser, ou a partir de uma transitoriedade, dentro de uma situação de tempo e espaço.

5.2. Regras do descritivo

Retomando a afirmação de Van Dijk (1986) de que os esquemas podem ser descritos como propriedades estruturais abstratas do discurso, como representações e como sistema de regras compartilhados socialmente, ou seja, como normas e estratégias para o uso de um determinado tipo de texto, ao concebermos o descritivo como um dos tipos de texto e ao definirmos categorias para ele, é imprescindível descrever as regras que o organizam.

Segundo Greimas & Courtés (1979), a noção de regra pressupõe um sujeito que dá instruções a um outro sujeito, a fim de que este possa executar certas operações cognitivas que consistem, geralmente, na passagem de um estado a outro. Então, a formulação de regras compreende a existência de um sujeito que representa um *saber-fazer* e de um outro, capaz de executar corretamente e de reproduzir as instruções recebidas. Dessa perspectiva, os autores explicitam que o sujeito do saber-fazer é social e o sujeito capaz de executar corretamente é o produtor/receptor do texto.

As regras, portanto, são entendidas como normas que possibilitam a existência de um modelo construído com base em observação mais ou menos rigorosa dos usos sociais, instituindo uma forma global, específica de cada tipo de texto. A necessidade de uniformização dos usos, própria das sociedades, é que leva à escolha de uma determinada norma também para a constituição dos tipos de texto.

Dessa forma, a noção de regra, conforme explicam Greimas & Courtés, fundamenta-se em critérios estatísticos (considerando-se norma o que se identifica pela *média*), ou em probabilidade (o que corresponde a algo esperado). Aqui, entendemos regra pelo critério de aceitabilidade, conceito que fundamenta uma competência ideal, postulada como saber-fazer igual para todos, embora saibamos que também implica variações individuais pela criatividade.

As categorias esquemáticas das superestruturas textuais são ordenadas por regras que especificam os diferentes tipos de texto pelas combinatórias convencionais das categorias textuais esquemáticas. No caso do texto descritivo, baseadas nos estudos desenvolvidos, propomos duas regras para a ordenação de suas categorias: a regra de equivalência e a regra de hierarquização.

• Regra de equivalência

A equivalência corresponde a uma identidade parcial entre duas ou mais unidades conhecidas. Por meio dela, é possível reduzir essas unidades, destacando suas diferenças ou cancelando-as. Duas frases são consideradas equivalentes se elas mantêm entre si uma relação de implicação recíproca.

Desde que postulamos o enunciado descritivo como x é y, fundamentamo-nos na existência de uma regra que possibilita estabelecer uma equivalência entre x e y; em outros termos, só poderão ser ordenados em y ou x unidades que mantêm entre si propriedades de identidade.

O conceito de identidade opõe-se ao de alteridade, ou seja, *o mesmo* opõe-se ao *outro*. A identidade serve para designar o traço ou o conjunto de traços que dois ou mais objetos têm em comum, embora um seja o mesmo em relação ao outro; ela serve, então, para designar o princípio de continuar *o mesmo*, apesar de modificações existentes.

No enunciado x é y, iniciaremos pela regra de equivalência que ordena elementos na categoria da designação (x), passando, em seguida, para a regra de equivalência que também ordena as categorias da definição e da individuação (x é y).

• Regra da equivalência na categoria da designação

A designação tem a função de nomear, por recortes lexicais, a referência do texto. Como mencionado anteriormente, não há sinônimos nas línguas naturais, já que cada recorte lexical é dado num determinado eixo do contínuo sêmico referencial. Entretanto, é possível estabelecer equivalências lexicais entre uma palavra e outra; uma frase e outra; uma palavra e uma frase.

Na designação, a regra da equivalência possibilita a produção de parassinônimos e de paráfrases, permitindo que se estabeleça uma ordenação entre todos aqueles termos que se referem a x. Por exemplo, em (9) *ameixeira do Japão*, x = ameixeira do Japão/nespereira $\Leftrightarrow$ *árvore que tive na minha infância*.

• Regra da equivalência na categoria da definição

A categoria da definição implica: x é y, em que para x há a designação e para y há a predicação ou o conjunto de predicações aceitos pela convenção social, tomando-se um saber-partilhado. Por conseguinte, só se predica para x o que é do pressuposto global. Trata-se, então, do conhecido.

A equivalência é a regra usada para ordenar uma designação com a sua predicação, parafrasticamente. Desse modo, em *ameixeira do Japão*:

x	é	y
ameixeira do Japão	é	árvore da família das rosáceas, procedente da Ásia e comum no Brasil, de folhas coreáceas e com pêlos e cujos frutos são bagas amarelas e pubescentes de sabor um tanto ácido e agradável.

∴ $x \Leftrightarrow y$

• Regra da equivalência na categoria da individuação

A categoria da individuação implica x é y, em que para x há uma designação e para y há a predicação ou o conjunto de predicações próprias do ser em questão – permanentes ou transitórias –; essas não são do saber-partilhado, diferenciando-se, assim, da definição.

A equivalência é estabelecida por uma pressuposição local e possibilita, assim, ordenar predicações para x é y. Tais predicações podem ser de um outro ser, dentro de uma certa probabilidade, que envolve o *aceitável*, ou, ainda, podem ser predicações que implicam situar o ser no tempo e no espaço.

```
             x         é    y
             |              |
Ameixeira do Japão   é      um marco do tempo da infância;
Ameixeira do Japão   é      uma entidade importante da minha mitologia
                            particular
Ameixeira do Japão   era    a única existente no nosso pátio interno;
Ameixeira do Japão   não era das mais bonitas nem no desenho, nem na cor;

Ameixeira do Japão   estava plantada num alto canteiro, num dos ângulos
                            dessa área comum à nossa residência e à farmá-
                            cia, numa zona pobre de sol, entre a "cloaca
                            máxima" e um dos pavilhões hospitalares...
```

$$\therefore x \cong y\,^8$$

Pela equivalência, em se tratando do descritivo, a elasticidade do discurso organiza a condensação designativa em relação à expansão predicativa, e a individuação é construída por uma aproximação sêmica com a referência designada, uma equivalência fluida e só aceitável a partir do pressuposto local do texto.

• Regra de hierarquização

A hierarquização relaciona-se à morfologia do texto (categorias) e à sua sintaxe (relações entre as categorias). Ela aparece, portanto, como o princípio organizador no qual a categoria como um todo é hierarquicamente superior aos termos que a constituem como partes. Essa regra é responsável pela organização de um dos níveis da coerência do texto que, segundo Charolles (1978), exige a manutenção e progressão da referência na expansão textual.

Tratar de hierarquia é, pois, tratar de topicalização, que consiste em uma unidade hierarquicamente estabelecida, podendo ser assim visualizada:

---

[8] ($\cong$ equivalência fluida, variável).

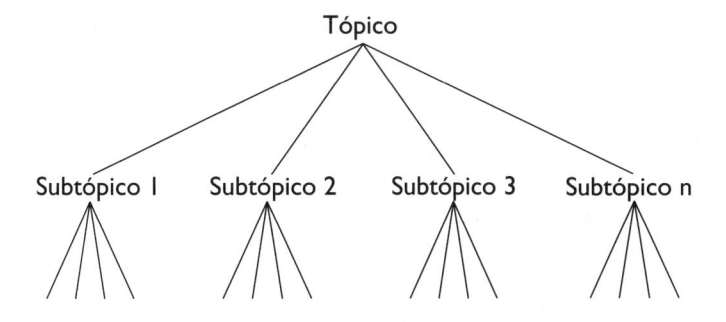

```
                    Tópico
         _____|_____
        /        |        |       \
   Subtópico 1  Subtópico 2  Subtópico 3  Subtópico n
     /|\         /|\         /|\         /|\
```

Assim, temos as categorias *designação, definição* e *individuação*, que passam a ser hierarquizadas pela condensação e expansão, mas, no tópico mais alto da arborescência, temos a tematização do ser descrito, ou seja, o recorte subjetivo que o descritor imprime na referência, selecionando dela apenas algumas unidades sêmicas que possam representar sua visão de mundo particular.

Retomando o texto (9), para exemplificar, podemos dizer que a referência foi tematizada, pelo autor, *nas lembranças de sua infância*. Na categoria da designação, a lexia *ameixeira do Japão* vai topicalizar as demais designações decorrentes da tematização da referência (*lembranças da infância*) que, então, passam a ser ordenadas e subordinadas como parassinônimos e paráfrases (*árvore da minha infância*). Tal hierarquização, portanto, mantém a referência do texto e, mediante cada novo recorte lexical, explicita a tematização.

Embora tópico e tema já tenham sido empregados em outros sentidos, o termo topicalização está sendo aqui utilizado como hierarquização, relacionado à sintaxe das categorias esquemáticas do texto como forma. Já a tematização, por sua vez, está sendo empregada como seleção, relacionada ao conteúdo semântico do texto, que decorre de recortes intencionais dados pelo descritor no contínuo sêmico referencial. Para indicar a manutenção temática na expansão dos blocos, bem como a relação que se estabelece entre eles, utilizaremos a expressão *fio condutor do texto*.

Seguindo a ordem das topicalizações, segue a expansão pela definição e pela individuação. No que se refere à definição, essa hierarquiza as propriedades essenciais do ser em relação à sua espécie e às partes que o constituem, e, assim, as predicações para a espécie e para as partes se subordenam em um ou mais blocos. Quanto à individuação, essa, por sua vez, subtopicaliza partes e propriedades particulares e/ou transitórias do ser descrito, as quais podem ser novamente subtopicalizadas por partes e propriedades em cada um dos diferentes blocos.

Claro está que, na organização dos blocos topicalizados pela individuação, as predicações atribuídas ao todo e às partes podem ser dadas também pela regra de equivalência, predicando o que é provavelmente desta parte do ser descrito, ou pondo em equivalência o que é propriedade de um outro ser. Desse modo, as regras que organizam as categorias do descritivo sempre serão de equivalência, quando estabelecem relações entre x e y, em qualquer uma das hierarquias topicalizadas.

Poderíamos dizer, portanto, que a regra de equivalência organiza as relações categoriais e predicativas nos diferentes níveis, a partir de uma linha horizontal, ao passo que a regra de hierarquização as organiza a partir de uma linha vertical.

Relacionando as categorias e as regras que organizam o descritivo, propomos para ele a seguinte visualização:

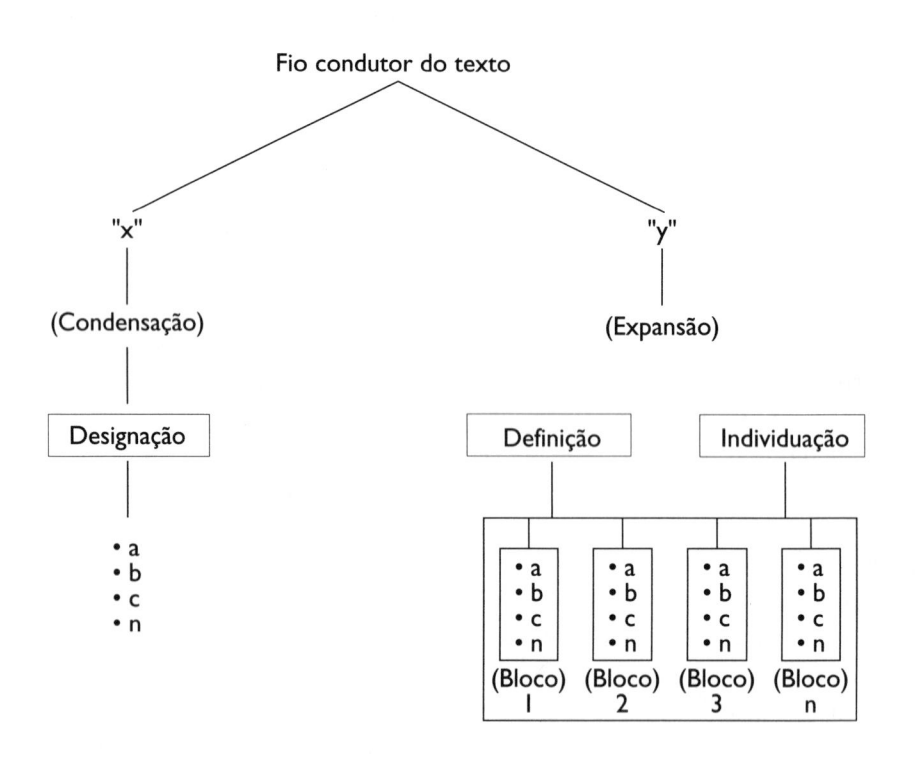

```
                    Fio condutor do texto
                   /                    \
                "x"                     "y"
                 |                       |
           (Condensação)            (Expansão)
                 |                       
           ┌───────────┐        ┌───────────┐   ┌───────────┐
           │ Designação│        │ Definição │   │Individuação│
           └───────────┘        └───────────┘   └───────────┘
                 |                       
                • a            ┌──────┬──────┬──────┬──────┐
                • b            │ • a  │ • a  │ • a  │ • a  │
                • c            │ • b  │ • b  │ • b  │ • b  │
                • n            │ • c  │ • c  │ • c  │ • c  │
                               │ • n  │ • n  │ • n  │ • n  │
                               ├──────┼──────┼──────┼──────┤
                               │(Bloco)│(Bloco)│(Bloco)│(Bloco)│
                               │   1  │   2  │   3  │   n  │
                               └──────┴──────┴──────┴──────┘
```

CAPÍTULO IV

Analisando textos descritivos

1. Considerações gerais

Buscaremos, a seguir, a identificação das categorias propostas no capítulo anterior em textos descritivos provenientes das situações discursivas elencadas por Adam & Petitjean (1982), ou seja, não só na literatura, mas também no cotidiano dos discursos sociais. Para tanto, entre os inúmeros textos por nós analisados, escolhemos dois representativos de cada uma das situações discursivas indicadas.

No que se refere à manifestação descritiva no cotidiano dos discursos sociais, optamos por duas ocorrências extremamente diferenciadas em suas finalidades: o descritivo no publicitário de turismo e o descritivo na enciclopédia, que foram assim selecionados:

1. no turismo:
    - um texto retirado de jornal: *Natal: modismo com ternura provinciana*. Caderno de Turismo do jornal *Shopping News*, São Paulo, 11/06/1989;
    - um texto retirado de revista: *A beleza sempre presente no cartão postal do País*. Revista Brasileira de Medicina Especial-Turismo, novembro/88;

2. na enciclopédia:
    - um texto retirado da Enciclopédia *Barsa*: *Natal*;
    - um texto retirado da Enciclopédia Abril – *Rio de Janeiro*.

    Quanto à manifestação descritiva na literatura, selecionamos:
    - um texto inserido num romance, recortado como unidade descritiva: *A tapera*, retirado de *O mulato*, de Aluísio de Azevedo;
    - um texto inteiramente descritivo: *Família*, de Carlos Drummond de Andrade.

Para cumprirmos o objetivo do presente capítulo, estabelecemos um procedimento de análise sistematizado em quatro etapas de leitura:

1. levantamento das microestruturas textuais: desmontagem do texto, por meio dos recortes de suas unidades textuais seqüenciadas;
2. levantamento da macroestrutura textual: criação de macroproposições, pela aplicação de regras de redução da informação semântica às microestruturas;
3. verificação dos blocos textuais: denominação dos blocos componentes do texto, pelo agrupamento das microestruturas em *pontos de ancoragem*, considerando-se as macroproposições, a partir da superestrutura proposta para o descritivo;
4. exame dos blocos textuais: análise global do texto, por meio do imbricamento blocos x macroestrutura x microestruturas, buscando-se: a referência, a manutenção temática na progressão semântica da referência e os princípios de organização do texto.

2. Texto I

'Natal: modismo com ternura provinciana'

Natal nasceu exatamente entre o rio e o mar, nas áreas de uma grande fortaleza que, iniciada a 6 de janeiro, passou a se chamar, para sempre, Forte dos Reis Magos. Primeira construção da região, inaugurada em 25 de dezembro de 1599, deu também o significado do dia ao núcleo populacional que cresceu olhando a paisagem das dunas que se alongava, até onde a vista alcançava. Hoje, com cerca de 500 mil habitantes, população substancialmente jovem e um contingente de 12 mil universitários, continua conferindo à sua posição geográfica a marca de seu destino histórico voltado para a navegação: deu asas à aviação entre Europa e América nos vôos de Mermoz, Del Prete, Lindenberg e tantos outros que desciam na embocadura do rio Potengi, o mesmo pouso das caravelas e dos navios franceses e holandeses no Brasil colonial. Por essa posição estratégica, foi também transformada, durante a II Guerra Mundial, em poderosa base aérea e ponte de abastecimento dos Aliados, em favor das tropas que lutavam na África, um traço cosmopolita que se ampliou na base de pesquisas espaciais do Brasil (Barreira do Inferno), e onde são lançados nossos foguetes. No entanto, nunca deixou de oferecer a doçura provinciana de uma cidade sem mistérios, com um rio manso, pouso de barcos, mar bonito de águas amornadas pelas correntes da terra, praias encantadas como as do Forte, do Meio, dos Artistas e da Areia Preta, margeadas por arrecifes com a missão de protegê-las e ainda a presença de belíssimas dunas, tema dominante. Em cada uma de suas praias se descobre um quadro diferente, caso de Genipabu e seus coqueiros e a Redinha, com vegetação contrastante.

Para o norte, onde estavam escondidas e foram redescobertas pelo projeto da Via Costeira, estão Cacimba do Boio, Barreira D'Água, Mãe Luiza e praia do Pinto – oito quilômetros de pura beleza e tranqüilidade.

A ORGANIZAÇÃO DO TEXTO DESCRITIVO EM LÍNGUA PORTUGUESA   117

Claro que Natal oferece mais além das praias, das dunas onde os *buggies* fazem a festa e do sol de ano inteiro: a sua memória, traduzida no acervo histórico e na legenda de seus heróis e artistas, entre outros Augusto Severo, um dos pioneiros da aviação, e Câmara Cascudo, famoso folclorista que agora dá nome a um museu. Repleta de encantos e feitiços que à primeira vista conquistam os que chegam à procura das boas coisas da vida, Natal valoriza o turismo interno, fazendo descobrir que o Nordeste é, no Brasil e no mundo, uma região privilegiada para os que amam emoções e belezas.

Ao longo dos últimos 14 anos, conheceu os efeitos de sua descoberta para o turismo – interno e externo. Desde 1975 apresenta um crescimento médio anual de fluxo turístico em torno de 20% e para isso o governo potiguar, através da Empresa de Promoção e Desenvolvimento do Turismo (Emproturn), caminha para uma estabilização em nível de infra-estrutura (Natal oferece agora, para hospedagem, cerca de 3.300 apartamentos classificados), que culmina com o ousado projeto da Via Costeira. Mesmo na condição atual de 'modismo' para brasileiros o fluxo de estrangeiros pode emplacar até mais que o doméstico, em vista de sua proximidade com a Europa e a total ausência de inverno. E para que férias não seja o único pretexto, foi construído um moderno Centro de Convenções com cinco auditórios, em pleno funcionamento e já bem situado no mercado de captação de eventos que tem sido uma mão na roda para o turismo de outras capitais nordestinas.

JORNAL SHOPPING NEWS, 11/06/1989, p.25.

1- Levantamento das microestruturas do texto

m1. Natal nasceu exatamente entre o rio e o mar,
m2. nas áreas de uma grande fortaleza que,
m3. iniciada a 6 de janeiro,
m4. passou a se chamar, para sempre, Forte dos Reis Magos.
m5. Primeira construção da região,
m6. inaugurada em 25 de dezembro de 1599,
m7. deu também o significado do dia ao núcleo populacional
m8. que cresceu olhando a paisagem das dunas que se alongavam até onde a vista alcançava.
m9. Hoje, com cerca de 500 mil habitantes, população substancialmente jovem e um contingente de 12 mil universitários,
m.10. continua conferindo à sua posição geográfica a marca de seu destino histórico voltado para a navegação:
m.11. deu asas à aviação entre a Europa e América nos vôos de Mermoz, Del Prete, Lindenberg e tantos outros que descem na embocadura do Rio Potengi,

m.12. o mesmo pouso das caravelas e dos navios franceses e holandeses no Brasil colonial.
m.13. Por essa posição estratégica, foi também transformada, durante a II Guerra Mundial, em poderosa base aérea e ponte dos Aliados, em favor das tropas que lutavam na África,
m.14. um traço cosmopolita que se ampliou na base de pesquisas espaciais do Brasil (Barreira do Inferno), de onde são lançados nossos foguetes.
m.15. No entanto, nunca deixou de oferecer a doçura provinciana, de uma cidade sem mistérios,
m.16. com rio manso,
m.17. pouso de barcos,
m.18. mar bonito de águas amornadas pelas correntes da terra,
m.19. praias encantadas como as do Forte, do Meio, dos Artistas e da Areia Preta,
m.20. margeadas por arrecifes com a missão de protegê-las
m.21. e ainda a presença de belíssimas dunas, tema dominante.
m.22. Em cada uma de suas praias se descobre um quadro diferente,
m.23. caso de Genipabu e seus coqueiros
m.24. e a Redinha, com vegetação contrastante.
m.25. Para o norte, onde estavam escondidas e foram redescobertas pelo projeto da Via Costeira, estão Cacimba do Boio, Barreira D'Água, Mãe Luiza e praias do Pinto – oito quilômetros de pura beleza e tranqüilidade.
m.26. Claro que Natal oferece mais além das praias, das dunas onde os *buggies* fazem a festa e do sol de ano inteiro:
m.27. a sua memória, traduzida no acervo histórico e na legenda de seus heróis e artistas,
m.28. entre outros, Augusto Severo, um dos pioneiros da Aviação, e Câmara Cascudo, famoso folclorista que agora dá nome a um museu.
m.29. Repleta de encantos e feitiços que à primeira vista conquistam os que chegam à procura das boas coisas da vida,
m.30. Natal valoriza turismo interno,
m.31. fazendo descobrir que o Nordeste é, no Brasil e no mundo, uma região privilegiada para os que amam emoções e beleza.
m.32. Ao longo dos últimos 14 anos, conheceu os efeitos de sua descoberta para o turismo – interno e externo.
m.33. Desde 1975 apresenta um crescimento médio anual de fluxo turístico em torno de 20%
m.34. e para isso o governo Potiguar, através da Empresa de Promoção e Desenvolvimento do Turismo (Emproturn), caminha para uma estabilização em nível de infra-estrutura

m.35. (Natal oferece agora, para hospedagem, cerca de 3.300 apartamentos classificados),
m.36. que culmina com o ousado Projeto da Via Costeira.
m.37. Mesmo na condição atual de 'modismo' para brasileiros
m.38. o fluxo de estrangeiros pode emplacar até mais que o doméstico, em vista de sua proximidade com a Europa e a total ausência de inverno.
m.39. E para que férias não seja o único pretexto, foi construído um moderno Centro de Convenções com cinco auditórios, em pleno funcionamento
m.40. e já bem situado no mercado de captação de eventos que tem sido uma mão na roda para o turismo de outras capitais nordestinas.

2 – Levantamento da macroestrutura do texto

2.1. Natal é uma cidade privilegiada, no que se refere à sua posição geográfica, caracterizada como ponto estratégico, propício à navegação, à aviação e à pesquisa espacial.
2.2. Natal é uma cidade privilegiada, no que se refere às suas bases naturais e simplicidade.
2.3. Natal é uma cidade privilegiada, no que se refere à sua gente.
2.4. Natal é uma cidade privilegiada, no que se refere ao turismo.

3 – Verificação dos blocos do texto

Bloco 1: localização (m1)
Bloco 2: Histórico da fundação e origem do nome: (m1 a m7)
Bloco 3: Característica populacional: (m9)
Bloco 4: Posição geográfica privilegiada (m10 a m14)
    4.1. para a navegação (m10, m12)
    4.2. para a aviação (m11)
    4.3. para a base-aérea na II Guerra Mundial (m13)
    4.4. para base de pesquisas espaciais do Brasil (m14)
Bloco 5: Perfil urbano e natural (m15, m26 e m29)
    5.1. rio (m16)
    5.2. ancoradouro (m17)
    5.3. mar (m18)
    5.4. praias (m19, m22 a m25)
    5.5. arrecifes (m20)
    5.6. dunas (m8 e m21)
Bloco 6: Perfil histórico (m27 e m28)
Bloco 7: Valorização do turismo (m29 a m40)

4. Exame dos blocos do texto

Este texto tem por referência *Natal*, centro urbano propício ao turismo, cuja designação está nele explicitada. Comparando os blocos analisados, observamos que a expansão do referente descrito se dá por uma organização textual que revela ora colocação em equivalência, ora hierarquização, por meio de predicações relativas a localização, dados históricos, características geográfica e populacional, bem como perfil urbano e valorização do turismo.

A composição dos blocos indica um processo metonímico-sinedóquico, em que *Natal* vai sendo descrita por suas partes ou por elementos (propriedades) a ela relacionados. Entre essas partes, constatamos um elemento comum, que é, propriamente, o fio condutor do texto, o qual pode ser identificado na análise global como a frase-síntese: *Natal é uma cidade privilegiada*.

Considerando a análise em seu conjunto, observamos que a organização do texto se instaura pela designação da referência tratada (ser descrito), bem como por sua expansão por meio de elementos que definem e individuam o ser descrito. No que se refere à designação, essa se explicita em m1, m30 e m35 e no próprio título do texto. Quanto à definição, o autor não a explicita microestruturalmente, pois supõe que o leitor conheça *Natal*: cidade do nordeste brasileiro, capital do Rio Grande do Norte, entretanto, aparece, indiretamente, em m30 e m31.

Já a individuação pode ser detectada ao longo dos blocos descritos, por: localização (bloco 1), histórico da fundação (bloco 2), característica populacional (bloco 3), posição geográfica privilegiada (bloco 4), perfil urbano e natural (bloco 5), perfil histórico (bloco 6) e valorização do turismo (bloco 7). Essas predicações traduzem o referente descrito, num jogo em que características permanentes e transitórias se imbricam ao longo do texto, garantindo a manutenção temática, na progressão semântica do texto, por meio dos blocos descritos.

A análise leva-nos a propor a seguinte visualização para o texto:

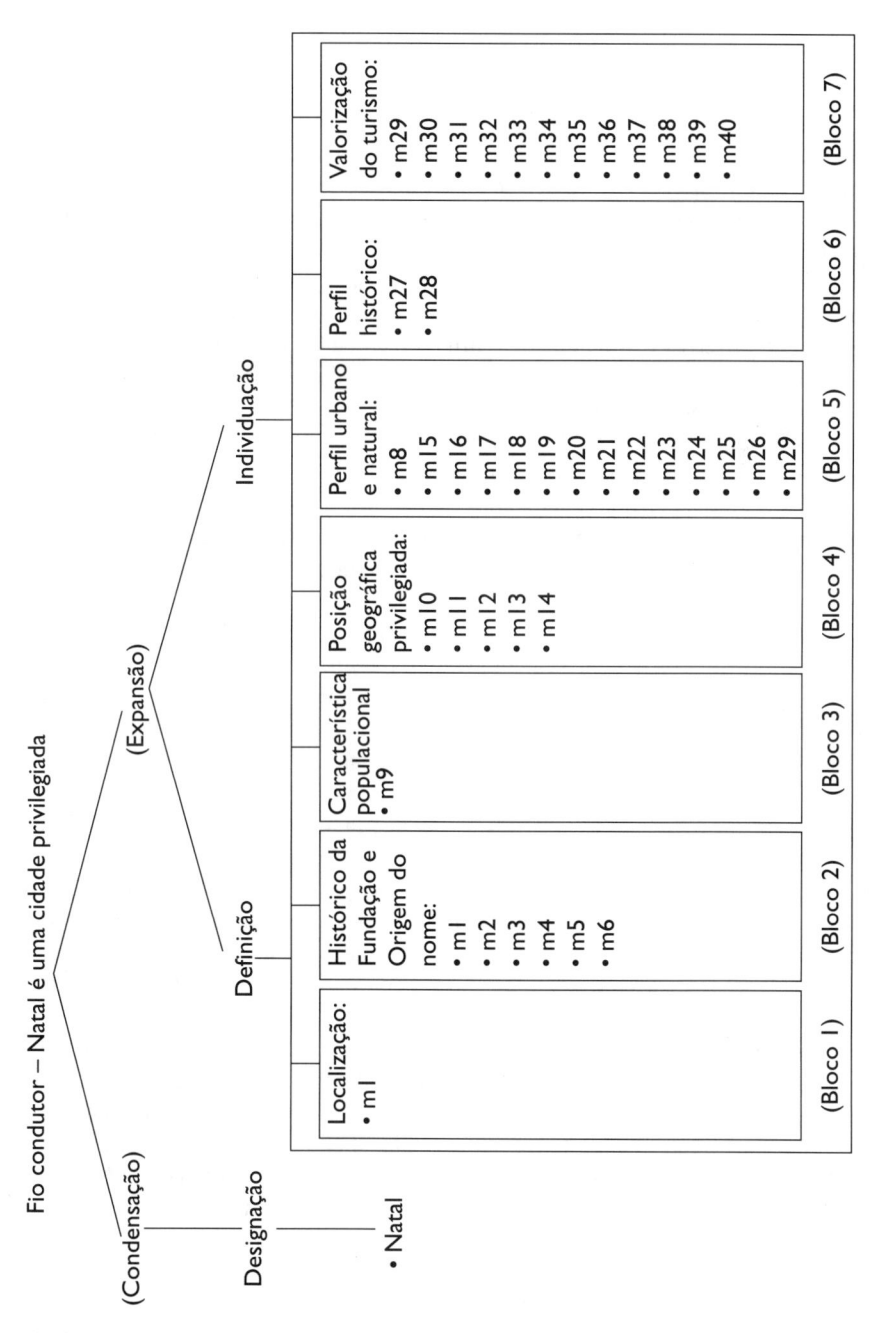

A ORGANIZAÇÃO DO TEXTO DESCRITIVO EM LÍNGUA PORTUGUESA   121

```
Fio condutor – Natal é uma cidade privilegiada

(Condensação)
    Designação
        • Natal

(Expansão)
    Definição
        (Bloco 1) Localização: • m1
        (Bloco 2) Histórico da Fundação e Origem do nome: • m1 • m2 • m3 • m4 • m5 • m6
        (Bloco 3) Característica populacional: • m9
    Individuação
        (Bloco 4) Posição geográfica privilegiada: • m10 • m11 • m12 • m13 • m14
        (Bloco 5) Perfil urbano e natural: • m8 • m15 • m16 • m17 • m18 • m19 • m20 • m21 • m22 • m23 • m24 • m25 • m26 • m29
        (Bloco 6) Perfil histórico: • m27 • m28
        (Bloco 7) Valorização do turismo: • m29 • m30 • m31 • m32 • m33 • m34 • m35 • m36 • m37 • m38 • m39 • m40
```

A visualização do texto evidencia, portanto, a presença das três categorias por nós propostas:
· da Designação
· da Definição
· da Individuação

3. Texto II

'A beleza sempre presente no cartão-postal do país'
Rio das praias, das morenas estonteantes, do fio dental...
O que a cidade oferece em termos de turismo praiano, não está no mapa. Grandes hotéis, restaurantes à beira-mar, barzinhos com vida noturna agitada e tudo o mais que uma cidade com os encantos do Rio pode mostrar.
Difícil é saber por onde começar. Praias há muitas, das conhecidas por todos, 'gringos' e nativos, àquelas onde o contato puro com a natureza pode ser mantido, os limites entre o céu e a terra são quebrados e sentir o poder da Criação Divina torna-se fácil, ouvindo-se o quebrar das ondas nas pedras, sentindo aquele cheiro característico de água salgada por milênios a fio.
Das praias famosas, temos a do Flamengo, onde os esportes são mania local. A de Botafogo é propícia para a prática do Windsurf e passeios em barcos a vela, enquanto a Prainha, perto do Recreio dos Bandeirantes, é preferida pelos surfistas.
A Barra da Tijuca, que vai da Ponta do Joá ao Recreio dos Bandeirantes, tem águas límpidas e pontos agitados e calmos, dependendo do lugar, devido à grande extensão.
A Avenida Atlântica acompanha a Praia de Copacabana, cantada em versos e prosa pelo mundo afora. Já Ipanema e Leblon são praias que se completam. Ipanema está entre Arpoador e Jardim de Alah, com o canal da Rodrigo de Freitas cortando-a em direção ao mar. No final é Leblon. Para quem gosta de espetáculo de vôo, a 'praia do pepino', São Conrado, é campo de pouso de asa delta.
Grumari, sendo possível, é uma boa pedida.
Mas é claro que o Rio não se constitui apenas de praias. Bonitos passeios podem ser feitos sem a necessidade de molhar os pés.
A floresta da Tijuca, no alto do Pico da Tijuca, ocupa área maior que 100 quilômetros quadrados, tem clima agradável, e altura variável entre 100 a 1.000 metros. O acesso é tranqüilo, pois delimita-se com vários bairros entre a zona sul e a norte, sendo alcançada pela Tijuca, Santa Teresa, Laranjeiras, Lagoa, Jardim Botânico e Cosme Velho.
O Corcovado é a maior atração, e no cume, a 710 metros, encontra-se o Cristo Redentor, com 30 metros de altura e pesando 1.145 toneladas, inaugurado em 1931 pelo inventor Marconi que, da Itália, comandou a iluminação da estátua. O mirante Dona Marta, com 300 metros de altura, é local agradável, possibilitando visão panorâmica maravilhosa da cidade e divide o esplendor da vista com a Mesa do Imperador, local a 430 metros de altura. Tem esse nome devido às constantes visitas que recebia do Imperador D. Pedro e da Imperatriz Maria Leopoldina.
A Quinta da Boa Vista dá oportunidade para um grande passeio: doada ao príncipe D. João pelo comerciante português Elias Antônio Lopes, foi residência oficial do Império. O Museu Nacional conta as peripécias da família real, enquanto o Jardim Zoológico, inaugurado em 1945, faz a alegria da criançada.
O Jardim Botânico ocupa área de aproximadamente 141 hectares, possuindo 5.000 variedades de plantas. Ao lado, funcionam o Museu Botânico Kuhlmann, o Instituto

de Botânica Sistemática, biblioteca especializada e o Museu Carpológico. Os arcos de Santa Teresa, localizados na Lapa, são em número de 42, formando, no passado, um aqueduto responsável pelo suprimento de água para a cidade. Hoje, o bonde, passeio muito conhecido, liga o largo da Carioca ao Bairro de Santa Teresa e trafega sobre eles.

A Lagoa Rodrigo de Freitas tem diversas áreas de lazer, onde as crianças brincam e os adultos praticam esportes. É muito bonita à noitinha (e perigosa, também), ideal para namoros.

O Mosteiro de São Bento fica na rua D. Gerardo, próximo da praça Mauá. Originário do século XVII, é uma das obras mais valiosas de nosso acervo histórico-cultural. Nele encontram-se trabalhos de Valentim, pinturas de Frei Ricardo do Pilar, e obras de José de Oliveira Rosa. Seu arco, talhado, foi projetado por Frei Domingos da Conceição e executado por Alexandre Machado.

Claro que uma visita ao Rio não pode deixar de lado o que é um dos mais bonitos cartões-postais do mundo: o Pão de Açúcar.

O acesso é na estação da Praia Vermelha, de onde partem os bondinhos para o Morro da Urca e de lá para o próprio Pão de Açúcar. Lá do alto, a impressão é de poder abraçar o Rio todinho, um sonho que vai se tornando realidade à medida que o teleférico sobe. A questão é deixar o receio para trás, pois os bondinhos, em matéria de segurança, não ficam devendo em nada para os similares estrangeiros.

REVISTA BRASILEIRA DE MEDICINA, vol. 45.
Especial Turismo, novembro/88, p. 6.

1- Levantamento das microestruturas do texto

m1. Rio das praias,
m2. das morenas estonteantes,
m3. do fio dental...
m4. O que a cidade oferece em termos de turismo praiano, não está no mapa.
m5. Grandes hotéis,
m6. restaurantes à beira-mar,
m7. barzinhos com vida noturna agitada
m8. e tudo o que uma cidade com os encantos do Rio pode mostrar.
m9. Difícil é saber por onde começar.
m10. Praias há muitas,
m11. das conhecidas por todos, 'gringos' e nativos,
m12. àquelas onde o contato puro com a natureza pode ser mantido,
m13. os limites entre o céu e a terra são quebrados
m14. e sentir o poder da Criação Divina torna-se fácil, ouvindo-se o quebrar das ondas nas pedras,

m15. sentindo aquele cheiro característico de água salgada por milênios a fio.
m16. Das praias famosas, temos a do Flamengo onde os esportes são mania local.
m17. A de Botafogo é propícia para a prática do windsurf e passeios em barcos a vela,
m18. enquanto a Prainha, perto do Recreio dos Bandeirantes, é preferida pelos surfistas.
m19. A Barra da Tijuca, que vai da Ponta do Joá ao Recreio dos Bandeirantes,
m20. ... tem pontos agitados e calmos, dependendo do lugar, devido à grande extensão.
m21. A Avenida Atlântica acompanha a Praia de Copacabana cantada em versos e prosa pelo mundo afora.
m22. Já Ipanema e Leblon são praias que se completam.
m23. Ipanema está entre Arpoador e Jardim de Alah, com o canal da Rodrigo de Freitas cortando-a em direção ao mar.
m24. No final é Leblon.
m25. Para quem gosta de espetáculo de vôo, a 'praia do pepino', São Conrado, é campo de pouso de asa delta.
m26. Grumari, sendo possível, é uma boa pedida.
m27. Mas é claro que o Rio não se constitui apenas de praias.
m28. Bonitos passeios podem ser feitos sem a necessidade de molhar os pés.
m29. A floresta da Tijuca, no alto do Pico da Tijuca,
m30. ... ocupa área maior que 100 quilômetros quadrados,
m31. tem clima agradável
m32. e acesso variável entre 100 e 1.000 metros.
m33. O acesso é tranqüilo,
m34. pois delimita-se com vários bairros entre a zona sul e norte, sendo alcançada pela Tijuca, Santa Teresa, Laranjeiras, Lagoa, Jardim Botânico e Cosme Velho.
m35. O Corcovado é a maior atração,
m36. e no cume, a 710 metros, encontra-se o Cristo Redentor,
m37. com 30 metros de altura,
m38. e pesando 1.145 toneladas,
m39. inaugurado em 1931 pelo inventor Marconi, que, da Itália, comandou a iluminação da estátua.
m40. O Mirante Dona Marta, com 300 metros de altura
m41. ... é local agradável,
m42. possibilitando visão panorâmica maravilhosa da cidade
m43. e divide o esplendor da vista com a Mesa do Imperador,

m44. local a 430 metros de altura.
m45. Tem esse nome devido às constantes visitas que recebia do Imperador D. Pedro e da Imperatriz Maria Leopoldina.
m46. A quinta da Boa Vista dá oportunidade para um grande passeio:
m47. doada ao príncipe D. João pelo comerciante português Elias Antônio Lopes,
m48. foi residência oficial do Império.
m49. O Museu Nacional conta as peripécias da família real,
m50. enquanto o Jardim Botânico, inaugurado em 1945,
m51. ... faz a alegria da criançada.
m52. O Jardim Botânico ocupa área de aproximadamente 141 hectares,
m53. possuindo 5.000 variedades de plantas.
m54. Ao lado, funcionam o Museu Botânico Kuhlmann, o Instituto de Botânica Sistemática, biblioteca especializada e o Museu Carpológico.
m55. Os arcos de Sant Teresa, localizados na Lapa,
m56. ... são em número de 42,
m57. formando, no passado, um aqueduto responsável pelo suprimento de água para a cidade.
m58. Hoje, o bonde, passeio muito conhecido,
m59. ... liga o largo da Carioca ao Bairro de Santa Teresa.
m60. e trafega sobre eles.
m61. A lagoa Rodrigo de Freitas tem diversas áreas de lazer, onde as crianças brincam e os adultos praticam esportes.
m62. É mais bonita à noitinha
m63. (e perigosa também),
m64. ideal para namoros.
m65. O Mosteiro de São Bento fica na rua D. Gerardo, próximo da praça Mauá.
m66. Originário do século XVII,
m67. é uma das obras mais valiosas de nosso acervo histórico-cultural.
m68. Nele encontram-se trabalhos de Valentim, pinturas de Frei Ricardo de Pilar, e obras de José de Oliveira Rosa.
m69. Seu arco, talhado, foi projetado por Frei Domingos da Conceição e executado por Alexandre Machado.
m70. Claro que uma visita ao Rio não pode deixar de lado o que é um dos mais bonitos cartões-postais do mundo: o Pão de Açúcar.
m71. O acesso é na estação da Praia Vermelha,
m72. de onde partem os bondinhos para o Morro da Urca e de lá para o próprio Pão de Açúcar.
m73. Lá do alto, a impressão é de poder abraçar o Rio todinho,

m74. um sonho que vai se tornando realidade à medida que o teleférico sobe.
m75. A questão é deixar o receio para trás,
m76. ... pois os bondinhos, em matéria de segurança, não ficam devendo em nada para os similares estrangeiros.

2- Levantamento da macroestrutura do texto

2.1. Rio de Janeiro é um local favorável ao turismo, no que se refere às suas praias.
2.2. Rio de Janeiro é um local favorável ao turismo, no que se refere às suas áreas verdes. Floresta da Tijuca, Quinta da Boa Vista, Jardim Botânico.
2.3. Rio de Janeiro é um local favorável ao turismo, no que se refere a pontos de atração conhecidos mundialmente: Corcovado, Lagoa Rodrigo de Freitas e Pão de Açúcar.
2.4. Rio de Janeiro é um local favorável ao turismo, no que se refere a conhecimentos de nossa história: Quinta de Boa Vista, Museus, Arcos de Santa Teresa e Mosteiro de São Bento.

3- Verificação dos blocos do texto

Bloco 1: Praias (m1 a m26)
Bloco 2: Floresta da Tijuca (m27 a m34)
Bloco 3: Corcovado (m35 a m45)
Bloco 4: Quinta da Boa Vista (m46 a m51)
Bloco 5: Jardim Botânico (m52 a m54)
Bloco 6: Arcos de Santa Teresa (m55 a m60)
Bloco 7: Lagoa Rodrigo de Freitas (m61 a m64)
Bloco 8: Mosteiro de São Bento (m65 a m69)
Bloco 9: Pão de Açúcar (m70 a m76)

4- Exame dos blocos do texto

O texto (II), como o anterior, tem a designação de sua referência *Rio de Janeiro* explicitada microestruturalmente, o que pode ser observado em m1, m8, m27, m70 e m73, por *Rio*; em m4, por *cidade* e, no próprio título, por *cartão-postal do País*. Por meio de elementos que se colocam ora em equivalência, ora em hierarquia, apresenta uma organização textual definida por categorias que, além de designar o referente descrito, marcam sua definição e individuação.

No que se refere à definição, ela está implícita no texto, sendo dada por alguns elementos do saber-partilhado dos brasileiros, como *o Rio é a beleza sempre presente*. Quanto à individuação, a análise dos nove blocos nomeados revela a presença de características específicas de *Rio de Janeiro*.

Os blocos indicam a seleção que o autor fez para descrever *Rio de Janeiro*, por meio de locais favoráveis ao turismo, seja no que se refere às belezas naturais (blocos 1, 2, 4 e 5), no que se refere a pontos de atração turística conhecidos internacionalmente (blocos 3, 7 e 9), seja, ainda, no que se refere a aspectos de nossa história (blocos 4, 6 e 8).

A composição dos blocos revela, portanto, um processo metonímico – sinedóquico, cujas partes selecionadas para a descrição estão relacionadas por um fio condutor – *Rio de Janeiro é um local favorável ao turismo* –, que mantém a unidade textual.

A análise global do texto permite-nos, pois, a seguinte visualização:

Fio condutor – Rio de Janeiro é um local favorável ao turismo

(Condensação)   (Expansão)

Designação   Definição   Individuação

Designação	Praias	Floresta da Tijuca	Corcovado	Quinta da Boa Vista	Jardim Botânico	Arcos de Santa Teresa	Lagoa Rodrigo de Freitas	Mosteiro de São Bento	Pão de Açúcar
• Rio • Cidade • Cartão-postal do país	• m1 • m2 • m3 • m4 • m5 • m6 • m7 • m8 • m9 • m10 • m11 • m12 • m13 • m14 • m15 • m16 • m17 • m18 • m19 • m20 • m21 • m22 • m23 • m24 • m25 • m26	• m27 • m30 • m31 • m32 • m33 • m34	• m35 • m36 • m37 • m38 • m39 • m40 • m41 • m42 • m43 • m44 • m45	• m46 • m47 • m48 • m49 • m50 • m51	• m52 • m53 • m54	• m55 • m56 • m57 • m58 • m59 • m60	• m61 • m62 • m63 • m64	• m65 • m66 • m67 • m68 • m69	• m70 • m71 • m72 • m73 • m74 • m75 • m76
(Bloco 1)	(Bloco 2)	(Bloco 3)	(Bloco 4)	(Bloco 5)	(Bloco 6)	(Bloco 7)	(Bloco 8)	(Bloco 9)	

4. Texto III

'Natal'

Cidade do Nordeste Brasileiro, capital do Estado do Rio Grande do Norte, localizada à margem direita do Rio Potengi, próximo à sua foz, no Atlântico. Assenta-se na planície costeira, caracterizada por formações arenosas em que são comuns as dunas, muitas das quais aparecem em sua área suburbana. O clima é tropical, com chuvas de outono-inverno.

Foi fundada no dia 25 de dezembro de 1599, por Jerônimo de Albuquerque, tendo como núcleo o Forte dos Três Reis Magos. Em 1633, uma pequena armada holandesa, saída do Recife, tomou o Forte, que passou a chamar-se Keulen, e foi ocupada a povoação, à qual os holandeses denominaram de Nova Amsterdam (nome pouco usado), Potengi e sobretudo Rio Grande. Durante o domínio holandês, que só terminou em 1654, teve uma Câmara de Escabinos. Em 1817 foi, durante menos de um mês, sede de um governo republicano. Sua alfândega foi criada em 1820. Guardou aspecto colonial até o século atual, quando foi urbanizada, sobretudo a partir de 1930. O seu nome parece originar-se, não do dia da fundação, porém da data em que chegou à foz do Potengi a expedição de Manuel Mascarenhas Homem.

Desenvolveu-se de maneira muito lenta, não passando do modesto aglomerado urbano ao iniciar-se o século XIX, quando compreendia dois pequenos núcleos: 1) o que se elevava na salina situada à margem direita do Potengi, contendo a igreja matriz e o palácio do governo; 2) o da parte baixa, junto ao porto flúvio-marítimo, que concentrava o comércio. A lentidão de seu desenvolvimento era um reflexo não só da pobreza econômica de capitania, depois transformada em Província e Estado, como também da concorrência de outros centros, como Macau e Areia Branca, escoadouros da produção salineira norte-rio-grandense, e Campina Grande na Paraíba, que recebia o algodão da região do Seridó, encaminhando-o para o Recife.

Teve seu progresso acelerado durante a II Guerra Mundial, quando se transformou em importante base militar para a luta na África e passou a possuir o Aeroporto de Parnamirim, vital para o abastecimento das tropas em operações. Além da função político-administrativa, é movimentado centro comercial, cujos estabelecimentos se distribuem, de maneira eqüitativa, pelos bairros da Ribeira, da Cidade Alta e do Alecrim. Por seu porto escoa-se a produção de minério de tungstênio (xilita), principal riqueza mineral do Estado.

Através das ligações rodoferroviárias com o interior, amplia cada vez mais sua área de influência. Possui uma universidade (Universidade Federal do Rio Grande do Norte), além de faculdades isoladas e conhecida escola doméstica. Sua população é de 270.127 habitantes no município e 250.787 na sede (censo de 1970).

ENCICLOPÉDIA BARSA (1973).
Volume 9. Rio de Janeiro/São Paulo.

1- Levantamento das microestruturas do texto

m1. Cidade do Nordeste brasileiro,
m2. capital do Rio Grande do Norte,
m3. localizada à margem direita do Rio Potengi,
m4. próximo à sua foz,
m5. no Atlântico.
m6. Assenta-se na planície costeira,
m7. caracterizada por formações arenosas,
m8. em que são comuns as dunas,
m9. muitas das quais aparecem em sua área suburbana.
m10. O clima é tropical,
m11. com chuvas de outono-inverno.
m12. Foi fundada no dia 25 de dezembro de 1599,
m13. por Jerônimo de Albuquerque,
m14. tendo como núcleo o Forte dos Três Reis Magos.
m15. Em 1633, uma pequena armada holandesa, saída do Recife, tomou o forte,
m16. que passou a chamar-se Keulen,
m17. e foi ocupada a povoação,
m18. à qual os holandeses denominaram de Nova Amsterdam (nome pouco usado), Potengi e sobretudo Rio Grande.
m19. Durante o domínio holandês, que só terminou em 1654,
m20. teve uma Câmara de Escabinos.
m21. Em 1817 foi, durante menos de um mês, sede de um governo republicano.
m22. Sua alfândega foi criada em 1820.
m23. Guardou aspecto colonial até o século atual,
m24. quando foi urbanizada, sobretudo a partir de 1930.
m25. O seu nome parece originar-se, não só do dia da fundação,
m26. porém da data em que chegou à foz do Potengi a expedição de Manuel Mascarenhas Homem.
m27. Desenvolveu-se de maneira muito lenta,
m28. não passando do modesto aglomerado urbano ao iniciar-se o século XIX,
m29. quando compreendia dois pequenos núcleos:
m30. 1) o que se elevava na salina situada à margem direita do Potengi, contendo a igreja matriz e o palácio do governo;
m31. 2) o da parte baixa, junto ao porto flúvio-marítimo, que concentrava o comércio.
m32. A lentidão de seu desenvolvimento era um reflexo não só da pobreza econômica da capitania,

m33. depois transformada em província e estado,
m34. como também da concorrência de outros centros, como Macau e Areia Branca, escoadouros da produção salineira norte-rio-grandense,
m35. e de Campina Grande na Paraíba, que recebia o algodão da Região do Seridó, encaminhando-o para o Recife.
m36. Teve seu progresso acelerado durante a II Guerra Mundial,
m37. quando se transformou em importante base militar para a luta na África
m38. e passou a possuir o aeroporto de Parnamirim, vital para o abastecimento das tropas em operações.
m39. Além da função político-administrativa,
m40. é movimentado centro comercial,
m41. cujos estabelecimentos se distribuem, de maneira eqüitativa, pelos bairros da Ribeira, da Cidade Alta e do Alecrim.
m42. Por seu porto escoa-se a produção de minério de tungstênio (xilita),
m43. principal riqueza mineral do estado.
m44. Através das ligações rodoferroviárias com o interior,
m45. amplia cada vez mais sua área de influência.
m46. Possui uma Universidade (Universidade Federal do Rio Grande do Norte),
m47. além de faculdades isoladas e conhecida escola doméstica
m48. Sua população é de 270.127 habitantes no município e 250.787 na sede (censo de 1970).

2- Levantamento da macroestrutura do texto

2.1. Natal é uma cidade do Brasil, capital de Estado (RN).
2.2. Natal é uma cidade costeira, que se localiza à margem direita do Rio Potengi, próxima à sua foz.
2.3. Natal é uma cidade cujo solo é marcado por formações arenosas e por dunas.
2.4. Natal é uma cidade de clima tropical.
2.5. Natal é uma cidade cujo nome se deve à data de sua fundação.
2.6. Natal é uma cidade que sofreu a invasão holandesa.
2.7. Natal é uma cidade cujo desenvolvimento ocorreu muito lentamente.
2.8. Natal é uma cidade cujo papel político na história é marcante no período da II Guerra Mundial.
2.9. Natal é uma cidade que atualmente tem destaque como centro comercial, zona portuária para escoação do minério de tungstênio e centro educacional.

2.10. Natal é uma cidade com um contingente populacional de 270.127 habitantes no município e 250.787 na sede (censo de 1970).

3- Verificação dos blocos do texto

Bloco 1: Definição (m1 e m2)
Bloco 2: Localização (m3 a m6)
Bloco 3: Características geográficas (m7 a m11)
    3.1. Dunas (m7, m8, m9)
    3.2. Clima (m10 e m11)
Bloco 4: Histórico (m12 a m38)
    4.1. Da fundação (m12 a m14, m25, m26)
    4.2. Da invasão holandesa (m15 a m20)
    4.3. Do papel político (m21, m22, m33)
    4.4. Do desenvolvimento (m23, m24, m27 a m32, m34, m35, m36)
    4.5. Do seu papel na II Guerra Mundial (m36 a m38)
Bloco 5: Características atuais (m39 a m48)
    5.1. De ordem político-administrativa (m39, m44, m45)
    5.2. De ordem comercial (m40, m41, m42)
    5.3. De riqueza natural (m42, m43)
    5.4. De meios de transportes (m44)
    5.5. De ordem educacional (m45, m46, m47)
    5.6. De contingente populacional (m48)

4- Exame dos blocos do texto

O texto (III) tem por referência a cidade de *Natal*, designada apenas em seu título. Da mesma forma que em (I) e em (II), a expansão do ser descrito ocorre por blocos, num processo metonímico sinedóquico, no interior dos quais aparecem predicações que definem e individuam a cidade.

Diferentemente de (I) e (II), as predicações da definição estão explicitadas microestruturalmente, no bloco 1, em m1 e m2. Quanto às predicações da individuação, essas marcam *Natal* em sua individualidade, por dados de: localização (bloco 2), características geográficas (bloco 3), histórico (bloco 4) e características atuais (bloco 5).

Como nos textos anteriores, as partes ou os elementos selecionados pelo autor para descrever a cidade estão colocados, ao longo do texto, ora em relação de equivalência, ora em relação de hierarquia.

O fio condutor – elemento comum entre as predicações contidas nos blocos –, constatado nos outros dois textos, também aqui se faz presente, sendo responsável, igualmente, pela coerência dos blocos na expansão textual, identificado como *Natal é um centro urbano*.

Analisando o imbricamento da macroestrutura com as microestruturas do texto (III), podemos afirmar que os blocos selecionados pelo autor para descrever *Natal como um centro urbano* proporcionaram, por meio da progressão semântica, a manutenção temática do texto. Assim, também como em (I) e em (II), a organização textual de (III) é estabelecida pela designação da referência, bem como pela definição e pela individuação do ser descrito.

Visualizando, teríamos:

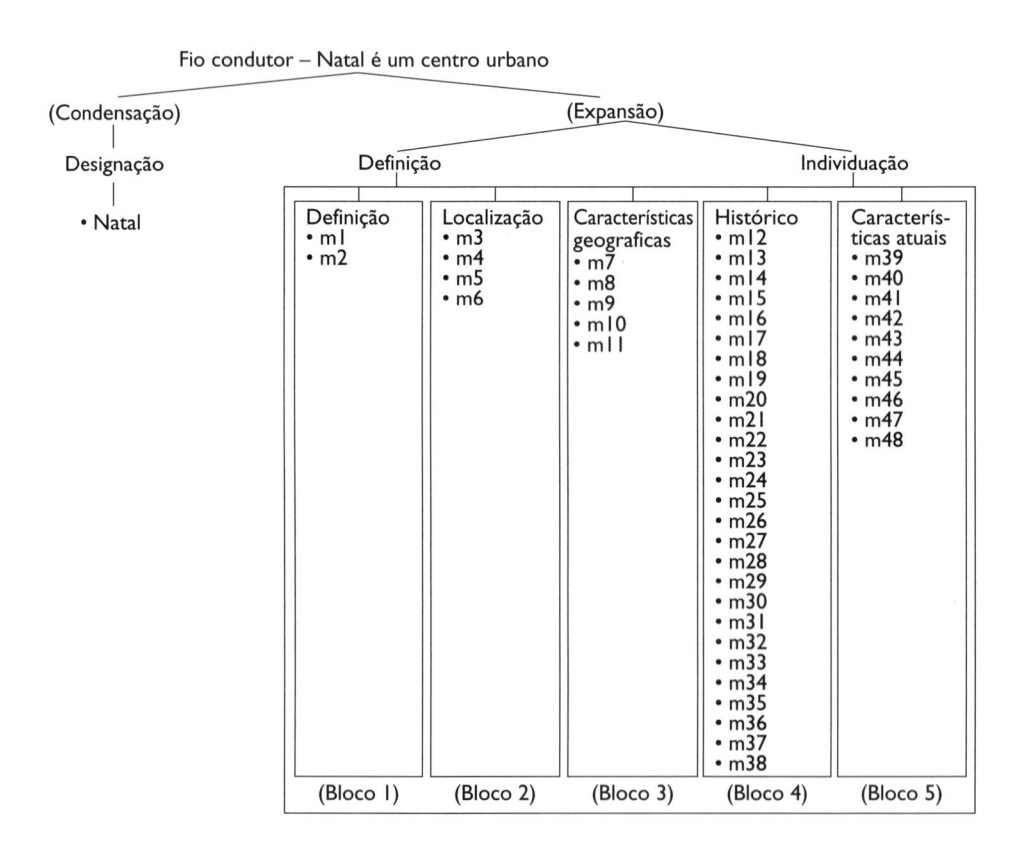

```
                    Fio condutor – Natal é um centro urbano
        ┌──────────────────────┴──────────────────────┐
  (Condensação)                              (Expansão)
        │                        ┌─────────────┴─────────────┐
  Designação                 Definição                  Individuação
        │
     • Natal
```

Definição	Localização	Características geográficas	Histórico	Características atuais
• m1	• m3	• m7	• m12	• m39
• m2	• m4	• m8	• m13	• m40
	• m5	• m9	• m14	• m41
	• m6	• m10	• m15	• m42
		• m11	• m16	• m43
			• m17	• m44
			• m18	• m45
			• m19	• m46
			• m20	• m47
			• m21	• m48
			• m22	
			• m23	
			• m24	
			• m25	
			• m26	
			• m27	
			• m28	
			• m29	
			• m30	
			• m31	
			• m32	
			• m33	
			• m34	
			• m35	
			• m36	
			• m37	
			• m38	
(Bloco 1)	(Bloco 2)	(Bloco 3)	(Bloco 4)	(Bloco 5)

5. Texto IV

'Rio de Janeiro'
O Rio de Janeiro, capital do Estado do Rio de Janeiro e segunda cidade do país em população, encontra-se na entrada da Baía de Guanabara, em sua margem ocidental. Principal pólo turístico do País, o Rio constitui um movimentado centro cultural e comercial – beneficiando-se de seu porto, que assegura o abastecimento de numerosas matérias-primas e de combustível. O Grande Rio constitui um dos principais centros industriais da América do Sul, só ultrapassado no Brasil pelo complexo formado em torno da cidade de São Paulo. Embora o maior número de operários seja mobilizado pela indústria têxtil, seguida de perto pela de vestuário e artefatos de tecidos, ela é suplantada, em valor de produção, pela química e farmacêutica. Outras atividades industriais de destaque são a fabricação de produtos alimentícios, a metalurgia, a transformação de minerais não-metálicos e os setores gráfico e editorial. Encontra-se em fase de acelerada implantação o Distrito Industrial de Santa Cruz, onde estão sendo instaladas indústrias de grande porte.
Na região batizada pela expedição de Gaspar de Lemos e Américo Vespúcio (1º/01/1502) com o nome de Rio de Janeiro, Gonçalo Coelho estabeleceu, em 1503, uma feitoria que não prosperou. A 10 de novembro de 1555, uma missão francesa se estabeleceu em seu território. Após várias batalhas, os franceses foram expulsos da região em janeiro de 1567 por tropas portuguesas comandadas por Mem de Sá, instalando-se em seguida em Cabo Frio, de onde seriam definitivamente retirados em 1615.
Criada em 1567, no Morro Castelo, como núcleo fortificado visando defender a Baía de Guanabara, a cidade de São Sebastião do Rio de Janeiro estava destinada a se tornar um dos quatro focos da expansão brasileira. Algumas décadas depois, ela já assumirá a função de porto exportador do açúcar do recôncavo fluminense. A descoberta de ouro em Minas Gerais no século XVIII provocou a decadência da cultura da cana-de-açúcar no Nordeste e transferiu o eixo econômico da colônia para o sul; assim em 1793, o Rio de Janeiro substituía Salvador como a capital do Vice-Reino do Brasil. Nesse século, o Rio funcionou também como empório para a exploração da escravatura, o que contribuiu muito para a mestiçagem de sua população. Entretanto, só no século XIX, com a chegada da família real portuguesa (1808), é que a cidade fortaleceu sua posição político-administrativa como capital do Império e centro econômico da zona cafeeira dos Estados do Rio e Minas Gerais. Metrópole regional de larga produção do sudeste brasileiro, expandiu muito suas atividades industriais, o que contribuiu para acelerar o ritmo de seu crescimento demográfico e urbano. Com a mudança da capital federal para Brasília, em abril de 1960, tornou-se capital do Estado da Guanabara. Em julho de 1974, foi decretada pelo governo federal a fusão da Guanabara e do antigo Estado do Rio de Janeiro e a cidade foi designada capital da nova unidade da federação.
ENCICLOPÉDIA BARSA (1966). Ano XII, p. 191.

1- Levantamento das microestruturas do texto

m1. O Rio de Janeiro, capital do Estado do Rio de Janeiro
m2. ... e segunda cidade do país em população
m3. ... encontra-se na entrada da Baía de Guanabara, em sua margem ocidental.
m4. Principal pólo turístico do país,
m5. o Rio constitui um movimentado centro cultural e comercial –
m6. ...beneficiando-se de seu porto,
m7. ... que assegura o abastecimento de numerosas matérias-primas e de combustível.
m8. O Grande Rio constitui um dos principais centros industriais da América do Sul, só ultrapassado no Brasil pelo complexo formado em torno da cidade de São Paulo.
m9. Embora o maior número de operários seja mobilizado pela indústria têxtil, seguida de perto pela de vestuário e artefatos de tecido,
m10. ... ela é suplantada, em valor de produção, pela química e farmacêutica.
m11. Outras atividades industriais de destaque são a metalurgia,
m12. ... a transformação de minerais não-metálicos
m13. ... e os setores gráfico e editorial.
m14. Encontra-se em fase de acelerada implantação o Distrito Industrial de Santa Cruz, onde estão sendo instaladas indústrias de grande porte
m15. Na região batizada pela expedição de Gaspar de Lemos e Américo Vespúcio (1º/01/1502) com o nome de Rio de Janeiro,...
m16. ... Gonçalo Coelho estabeleceu, em 1503, uma feitoria que não prosperou.
m17. A 10 de novembro de 1555, uma missão francesa se estabeleceu em seu território.
m18. Após várias batalhas, os franceses foram expulsos da região em janeiro de 1567 por tropas portuguesas comandadas por Mem de Sá,
m19. ... instalando-se em seguida em Cabo Frio,
m20. ... de onde seriam definitivamente retirados em 1615.
m21. Criada em 1567, no morro Castelo, como núcleo fortificado visando defender a Baía de Guanabara,...
m22. ... a cidade de São Sebastião do Rio de Janeiro estava destinada a se tornar um dos quatro focos da expansão brasileira.
m23. Algumas décadas depois, ela já assumira a função de porto exportador do açúcar do recôncavo fluminense.
m24. A descoberta de ouro em Minas Gerais no século XVIII provocou a decadência da cultura da cana-de-açúcar no Nordeste...

A ORGANIZAÇÃO DO TEXTO DESCRITIVO EM LÍNGUA PORTUGUESA

m25. ... e transferiu o eixo econômico da colônia para o sul;...
m26. assim, em 1793, o Rio de Janeiro substituía Salvador como a capital do Vice-Reino do Brasil.
m27. Nesse século, o Rio funcionou também como empório para a exploração da escravatura,...
m28. ... o que contribuiu para a mestiçagem de sua população.
m29. Entretanto, só no século XIX, com a chegada da família real portuguesa (1808), é que a cidade fortaleceu sua posição político-administrativa como capital do Império e centro econômico da zona cafeeira dos Estados do Rio e Minas Gerais.
m30. Metrópole regional de larga porção do sudeste brasileiro...
m31. ... expandiu muito suas atividades industriais,...
m32. ... o que contribuiu para acelerar o ritmo de seu crescimento demográfico e urbano.
m33. Com a mudança da Capital Federal para Brasília, em abril de 1960, tornou-se capital do Estado da Guanabara.
m34. Em julho de 1974, foi decretada pelo governo federal a fusão da Guanabara e do antigo Estado do Rio de Janeiro.
m35. ... e a cidade foi designada capital da nova unidade da federação.

2- Levantamento da macroestrutura do texto

2.1. Rio de Janeiro é uma cidade do Brasil, capital de Estado.
2.2. Rio de Janeiro é uma cidade cujo contingente populacional lhe confere o lugar de segunda cidade brasileira.
2.3. Rio de Janeiro é uma cidade que se encontra na margem ocidental da Baía de Guanabara.
2.4. Rio de Janeiro é uma cidade que se caracteriza como o principal pólo turístico do Brasil.
2.5. Rio de Janeiro é uma cidade que se constitui num movimentado centro cultural.
2.6. Rio de Janeiro é uma cidade que se constitui num movimentado centro comercial.
2.7. Rio de Janeiro é uma cidade portuária, responsável pelo abastecimento de numerosas matérias-primas e de combustível.
2.8. Rio de Janeiro com sua região metropolitana constitui-se num dos principais centros industriais da América do Sul.
2.9. Rio de Janeiro é uma cidade que foi fundada em 1/1/1502.

2.10. Rio de Janeiro é uma cidade que teve um importante papel na história do Brasil:
2.10.1. Foi centro econômico do Brasil colônia;
2.10.2. Foi capital do império;
2.10.3. Foi capital da República.

3- Verificação dos blocos

Bloco 1: Definição (m1)
Bloco 2: Classificação por contingente populacional (m2)
Bloco 3: Localização (m3, m30)
Bloco 4: Características atuais:
    4.1. centro turístico (m4)
    4.2. centro cultural (m5)
    4.3. centro comercial (m5, m30)
    4.4. centro portuário (m6, m7)
    4.5. centro industrial (m8 a m14)
Bloco 5: Histórico
    5.1. da fundação (m15 a m22)
    5.2. do desenvolvimento (m23 a m27; m31 a m32)
    5.3. da população (m28)
    5.4. do papel político (m29, m33 a m35)

4- Exame dos blocos do texto

A referência do texto (IV) – *Rio de Janeiro* – é designada em várias de suas microestruturas: em m1, m5, m8, m26 e no título, por *Rio de Janeiro*; em m29 e m35, por *cidade*; em m27, por *Rio*; em m22, por *cidade de São Sebastião do Rio de Janeiro*. A expansão textual desse referente também ocorre por meio de elementos a ele relacionados, que se colocam ao longo dos blocos descritos, em relação de equivalência ou de hierarquia, e têm sob si uma organização textual cujas categorias da definição e da individuação também se fazem presentes.

No que se refere à definição, como em (III), ela se manifesta explicitamente no primeiro bloco, em m1. Quanto à individuação, essa pode ser verificada nas características contidas nos blocos, como: classificação por contingente populacional (bloco 2), localização (bloco 3), histórico (bloco 5) e características atuais (bloco 4).

Da mesma forma que nos textos anteriores, há em (IV) um fio condutor permeando o desenvolvimento textual, que podemos traduzir na frase síntese

Rio de Janeiro é um centro urbano, o qual garante a manutenção temática na progressão semântica do texto. Portanto, assim como em (I), (II) e (III), a organização textual de (IV) também se estabelece pelas categorias da designação, da definição e da individuação, e a construção dos blocos revela um processo metonímico-sinedóquico em que *Rio de Janeiro* é descrita por partes e elementos a ela relacionados.

Visualizando teríamos:

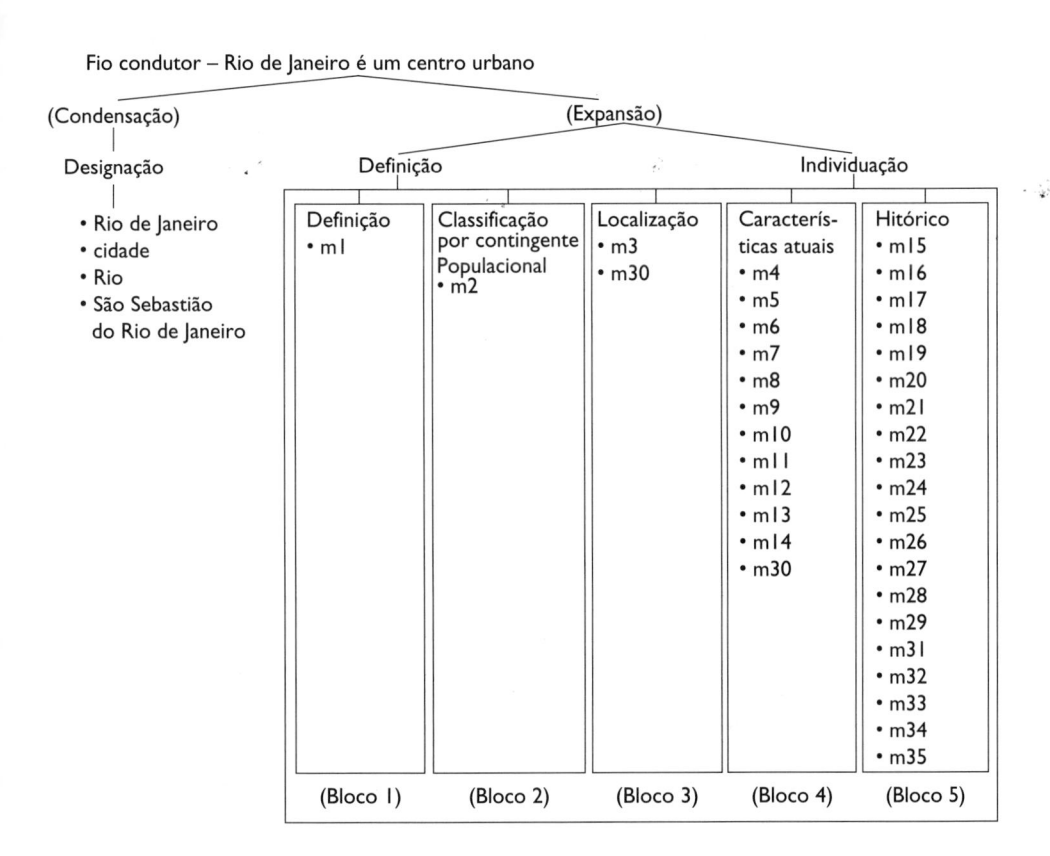

Fio condutor – Rio de Janeiro é um centro urbano

(Condensação) | (Expansão)

Designação:
- Rio de Janeiro
- cidade
- Rio
- São Sebastião do Rio de Janeiro

Definição | Individuação

Definição	Classificação por contingente Populacional	Localização	Características atuais	Histórico
• m1	• m2	• m3 • m30	• m4 • m5 • m6 • m7 • m8 • m9 • m10 • m11 • m12 • m13 • m14 • m30	• m15 • m16 • m17 • m18 • m19 • m20 • m21 • m22 • m23 • m24 • m25 • m26 • m27 • m28 • m29 • m31 • m32 • m33 • m34 • m35
(Bloco 1)	(Bloco 2)	(Bloco 3)	(Bloco 4)	(Bloco 5)

6. Texto V

'A tapera'
– Ô de casa! Gritou Manuel.
Só o eco respondeu.
Adiantaram-se mais, e Raimundo gritou por sua vez, com o mesmo resultado.
– Ande, senhor Manuel! Estamos a quixotear... Aqui não há vivalma!
Mais alguns passos e estavam defronte da tapera, cujo madeiramento de lei resistiria ao seu completo abandono.
Ia anoitecer. O sol naufragava, soçobrando num oceano de fogo e sangue; o céu reverberava como a cúpula de uma fornalha; o campo parecia incendiado. Como era preciso aproveitar o dia, os dois viajantes apearam-se logo, cada qual prendeu o seu cavalo, e introduziram-se na varanda da casa por uma brecha que cortava de alto a baixo o primeiro pano de parede. Essa parte estava completamente arruinada e cheia de mato. Os camaleões, as osgas e as mucuras fugiram espantadas pelos pés de Raimundo, que ia galgando moitas de urtiga e capim bravo.
Lá dentro, a tapera tinha um duro aspecto nauseabundo. Longas teias de aranha pendiam tristemente em todas as direções, como cortinas de crepe esfacelado. A água da chuva, tingida de terra vermelha, deixara, pelas paredes, compridas lágrimas sangrentas, que sapeavam entre ninhos de cobras e lagartos. A um canto, descobria-se, no chão ladrilhado, um abominável instrumento de suplício: era um tronco de madeira preta, e os buracos redondos, que serviam para prender as pernas, os braços ou o pescoço dos escravos, mostravam ainda sinistras manchas arroxeadas.
Os dois seguiram adiante, penetrando o interior da casa. Ao transporem cada porta, fugia na frente deles uma nuvem negra de morcegos e andorinhas. O solo, empastado de excremento de pássaros e répteis, era pegajoso e úmido; o telhado abria em vários pontos, chorando uma luz morna e triste.
Respirava-se uma atmosfera de calabouço.
De um charco vizinho à casa, palpitava, monótono como um relógio, o rouquenho coaxar das rãs. Os anus passavam de uma para outra árvore, cortando o silêncio da tarde com os seus gemidos prolongados e agudíssimos. Do fundo tenebroso da floresta vinham, de espaço a espaço, o gargalhar das raposas e os gritos dos macacos e sagüis. Era já o concerto da noite.

AZEVEDO, A. (1889). O mulato.
4.ed. Rio de Janeiro: Garnier, p.231-232.

1– Levantamento das microestruturas do texto

m1. Ô de casa! Gritou Manuel.
m2. Só o eco respondeu.
m3. Adiantaram-se mais, e Raimundo gritou por sua vez com o mesmo resultado.

m4. – Ande, senhor Manuel! Estamos a quixotear...
m5. Aqui não há vivalma!
m6. Mais alguns passos e estavam defronte da tapera,
m7. cujo madeiramento de lei resistia ao seu completo abandono.
m8. Ia anoitecer.
m9. O sol naufragava, soçobrando num oceano de fogo e sangue;
m10. o céu reverberava como a cúpula de uma fornalha;
m11. o campo parecia incendiado.
m12. Como era preciso aproveitar o dia, os dois viajantes apearam-se logo,
m13. cada qual prendeu o seu cavalo,
m14. e introduziram-se na varanda da casa por uma brecha que cortava de alto a baixo o primeiro pano de parede.
m15. Essa parte estava completamente arruinada
m16. e cheia de mato.
m17. Os camaleões, as osgas e as mucuras fugiam espantadas pelos pés de Raimundo,
m18. que ia galgando moitas de urtiga e capim bravo.
m19. Lá dentro, a tapera tinha um duro aspecto nauseabundo.
m20. Longas teias de aranha pendiam tristemente em todas as direções, como cortinas de crepe esfacelado.
m21. A água da chuva, tingida de terra vermelha, deixara, pelas paredes, compridas lágrimas sangrentas,
m22. que serpeavam entre ninhos de cobras e lagartos.
m23. A um canto, descobriu-se, no chão ladrilhado, um abominável instrumento de suplício:
m24. era um tronco de madeira preta,
m25. e os buracos redondos, que serviam para prender as pernas, os braços ou o pescoço dos escravos,
m26. (os buracos redondos...) mostravam ainda sinistras manchas arroxeadas.
m27. Os dois seguiram adiante, penetrando o interior da casa.
m28. Ao transporem cada porta, fugia na frente deles uma nuvem negra de morcegos e andorinhas.
m29. O solo, empastado de excremento de pássaros e répteis,
m30. (o solo)... era pegajoso e úmido;
m31. o telhado abria em vários pontos, chorando uma luz morna e triste.
m32. Respirava-se uma atmosfera de calabouço.
m33. De um charco vizinho à casa, palpitava, monótono como um relógio, o rouquenho coaxar das rãs.
m34. Os anus passavam de uma para outra árvore, cortando o silêncio da tarde com seus gemidos prolongados e agudíssimos.

m35. Do fundo tenebroso da floresta vinham, de espaço a espaço, o gargalhar das raposas e os gritos dos macacos e sagüis.
m36. Era já o concerto da noite.

2- Levantamento da macroestrutura do texto

2.1. A tapera é inabitada pelo ser humano.
2.2. A tapera é arruinada em seu aspecto físico.
2.3. tapera é povoada por bichos (insetos e répteis).
2.4. A tapera é cheia de mato.
2.5. A tapera é uma casa da época da escravatura.
2.6. A tapera é feita de madeiramento de lei.
2.7. A tapera fica numa zona rural.

3- Verificação dos blocos do texto

Bloco 1: Ausência de pessoas (m1 a m6)
Bloco 2: Aspecto externo (m14 a m18)
    2.1. Desgaste da varanda (m14, m15)
    2.2. Existência de mato (m16, m18)
    2.3. Presença de bichos (m17)
Bloco 3: Aspecto interno (m19 a m22; m27 a m32)
    3.1. Existência de teias de aranha (m20)
    3.2. Manchas de chuva nas paredes (m21)
    3.3. Presença de bichos (m22, m28)
    3.4. Sujeira (m29)
    3.5. Insalubridade (m30, m32)
    3.6. Desgaste do telhado (m31)
Bloco 4: Época em que a tapera tivera vida (M23 a m26)
Bloco 5: Matéria de que é feita (m7)
Bloco 6: Localização (m33 a m35).

4- Exame dos blocos do texto

A organização textual verificada nos textos de turismo e nos textos enciclopédicos – (I), (II), (III), (IV) – também ocorre neste texto literário. A seqüência da análise evidencia uma expansão do referente *tapera*, por blocos no interior dos quais as predicações – partes ou elementos (propriedades) a ela relacionados – revelam ora colocação em equivalência, ora hierarquização.

O elemento comum a essas partes e/ou propriedades, identificado no texto como *A tapera é uma casa abandonada*, igualmente se faz presente como fio condutor do texto, expandindo-se nos blocos e, ao mesmo tempo, relacionando-os. Assim, também em (V), a composição dos blocos indica um processo metonímico-sinedóquico e, do imbricamento da macroestrutura com as microestruturas textuais, constatamos que há uma manutenção temática por meio da progressão semântica dada pelos blocos selecionados pelo autor para descrever *a tapera*.

A organização do texto, portanto, como dos demais, instaura-se pelas três categorias propostas: designação, definição e individuação. No que se refere à designação, essa se manifesta em m6 e m19, por *tapera*; e em m14, m27 e m33, por *casa*. Quanto à definição, essa se manifesta, indiretamente, no bloco 1, por revelar que se trata de uma casa abandonada. A individuação, por sua vez, vem manifestada nos demais blocos, revelando, igualmente, predicações referentes a aspecto externo (bloco 2), aspecto interno (bloco 3), época em que tivera vida (bloco 4), matéria de que é feita (bloco 5) e localização (bloco 6).

Visualizando teríamos:

Fio condutor – A tapera é uma casa abandonada

(Condensação)

Designação
- Tapera
- casa

(Expansão)

Definição

Individuação

Ausência de Pessoas	Aspecto Externo	Aspecto Interno	Época em que tivera vida	Matéria de que é feita	Localização
• m1 • m2 • m3 • m4 • m5 • m6	• m14 • m15 • m16 • m17 • m18	• m19 • m20 • m21 • m22 • m27 • m28 • m29 • m30 • m31 • m32	• m23 • m24 • m25 • m26	• m7	• m33 • m34 • m35
(Bloco 1)	(Bloco 2)	(Bloco 3)	(Bloco 4)	(Bloco 5)	(Bloco 6)

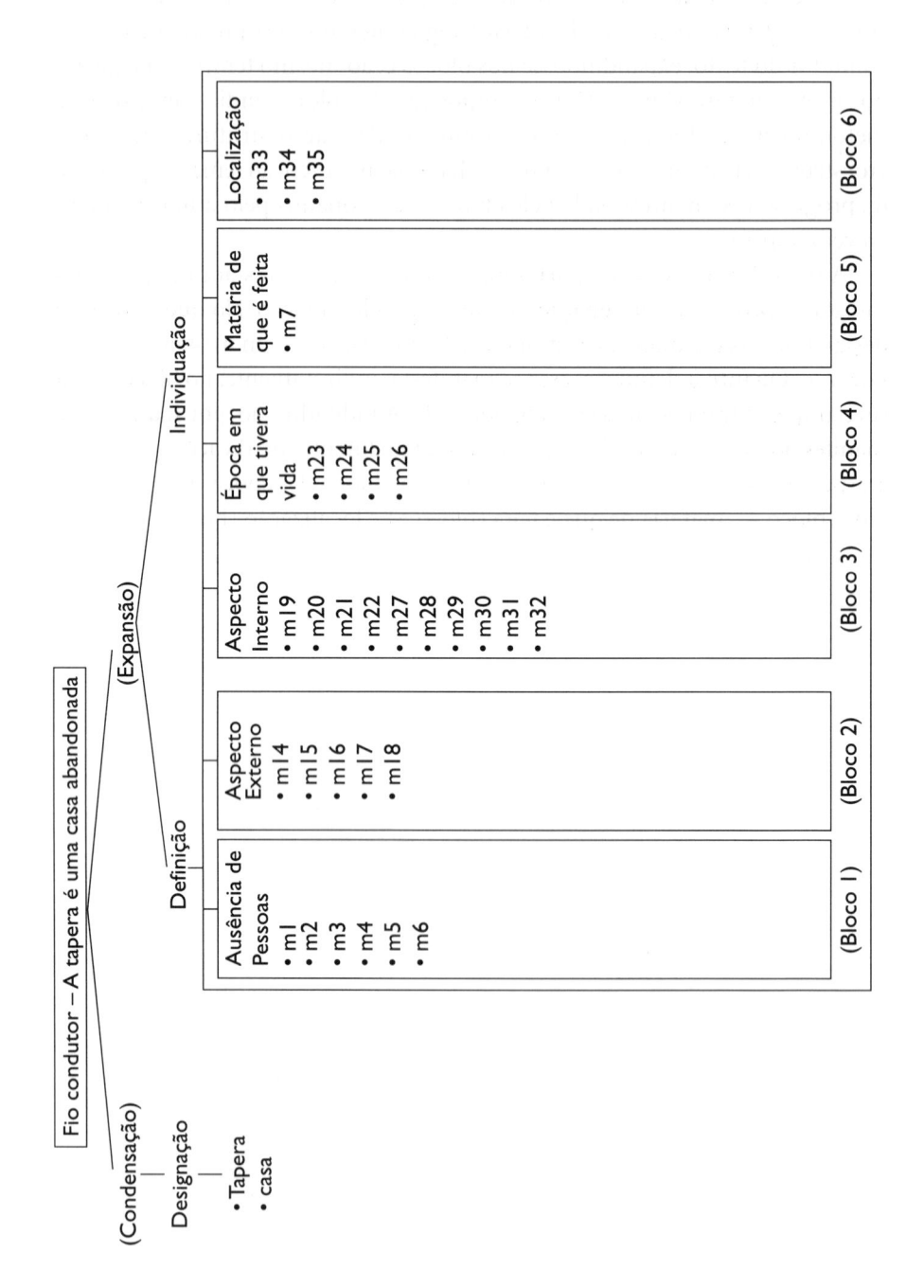

7. Texto VI

'Família'
Três meninos e duas meninas
Sendo uma ainda de colo
A cozinheira preta, a copeira mulata
O papagaio, o gato, o cachorro
As galinhas gordas no palmo da horta
E a mulher que cuida de tudo.

A espreguiçadeira, a cama, a gangorra.
O cigarro, o trabalho, a reza.
A goiabada na sobremesa de domingo
O palito nos dentes contentes.
O gramofone rouco toda noite
E a mulher que cuida de tudo.

O agiota, o leiteiro e o turco.
O médico uma vez por mês.
O bilhete todas as semanas.
Branco! Mas a esperança sempre verde.
E a mulher que cuida de tudo
E a felicidade.

ANDRADE, C. D (1977). *Obras completas.*
Rio de Janeiro: Nova Aguilar, p.69.

1- Levantamento das microestruturas do texto

m1. Três meninos
m2. duas meninas
Sendo uma ainda de colo
m3. A cozinheira preta,
m4. a copeira mulata
m5. o papagaio,
m6. o gato,
m7. o cachorro
m8. As galinhas gordas no palmo da horta
m9. E a mulher que cuida de tudo.
m10. A espreguiçadeira,
m11. a cama,
m12. a gangorra.

m13. O cigarro,
m14. o trabalho,
m15. a reza.
m16. A goiabada na sobremesa de domingo
m17. O palito nos dentes contentes.
m18. O gramofone rouco toda noite.
m19. E a mulher que cuida de tudo.
m20. O agiota,
m21. o leiteiro
m22. e o turco.
m23. O médico uma vez por mês.
m24. O bilhete todas as semanas.
       Branco! Mas a esperança sempre verde.
m25. E a mulher que cuida de tudo.
m26. E a felicidade.

2 – Levantamento da macroestrutura do texto

2.1. A família é um conjunto de seres (pessoas e animais) reunidos internamente por uma mulher que cuida de tudo.
2.2. A família é um conjunto de hábitos (alimentação, objetos da casa, ações e crenças) mantidos por uma mulher que cuida de tudo.
2.3. A família é um conjunto de pessoas externas à casa (profissionais diversos) e a ela relacionados por meio de uma mulher que cuida de tudo.

3 – Verificação dos blocos do texto:
Bloco 1: Pessoas da família (m1, m2, m9, m19 e m25)
Bloco 2: Empregadas da casa (m3 3 m4)
Bloco 3: Animais domésticos (m5 a m8)
Bloco 4: Objetos e produtos reveladores de hábitos (m10 a m13; m16 a m18; e m24)
Bloco 5: Ações substantivadas reveladoras de hábitos (m14 e m15)
Bloco 6: Pessoas externas à família, a ela relacionadas por suas atividades profissionais (m20 a m23)

4 – Exame dos blocos do texto

A referência do texto (VI) – *A família* – é designada em seu título. Como em todos os textos anteriormente selecionados para exemplificação, a expansão do referente descrito ocorre por meio de elementos a ele relacionados, que se colocam no interior dos blocos apresentados, em relação de equivalência ou de hierarquia, e têm sob si uma organização textual cujas categorias da definição e da individuação também se fazem presentes, além da designação.

No que se refere à definição, considerando que, genericamente falando, família é: "pessoas aparentadas que vivem, em geral, na mesma casa, particularmente o pai, a mãe e os filhos. Pessoas do mesmo sangue..." (Ferreira, 1975), essa é dada, indiretamente, pelo bloco 1 – pessoas da família, no caso, as crianças – e por *a mulher*, que se faz presente, microestruturalmente, três vezes ao longo do texto.

Quanto à individuação, nesse texto, ela é manifestada não só pelos componentes da família, mas também por outros elementos como: empregados da casa (bloco 2), animais domésticos (bloco 3), objetos e produtos reveladores de hábitos (bloco 4), ações substantivadas reveladoras de hábitos (bloco 5) e pessoas externas à família, a ela relacionadas, por suas atividades profissionais (bloco 6).

Da mesma forma que em todos os textos anteriores, há em (15) um fio condutor permeando o desenvolvimento textual, que pode aqui ser reconhecido microestruturalmente pela frase *E a mulher que cuida de tudo*, o qual garante a manutenção temática por meio da progressão semântica dada pelos blocos selecionados pelo autor para descrever família.

Portanto, assim como em (I), (II), (III), (IV), (V), a organização textual de (VI) também se dá pelas categorias da designação, da definição e da individuação, e a construção dos blocos revela um progresso metonímico-sinedóquico em que *família* é descrita por seus componentes e por elementos que a ela se relacionam.

Visualizando teríamos:

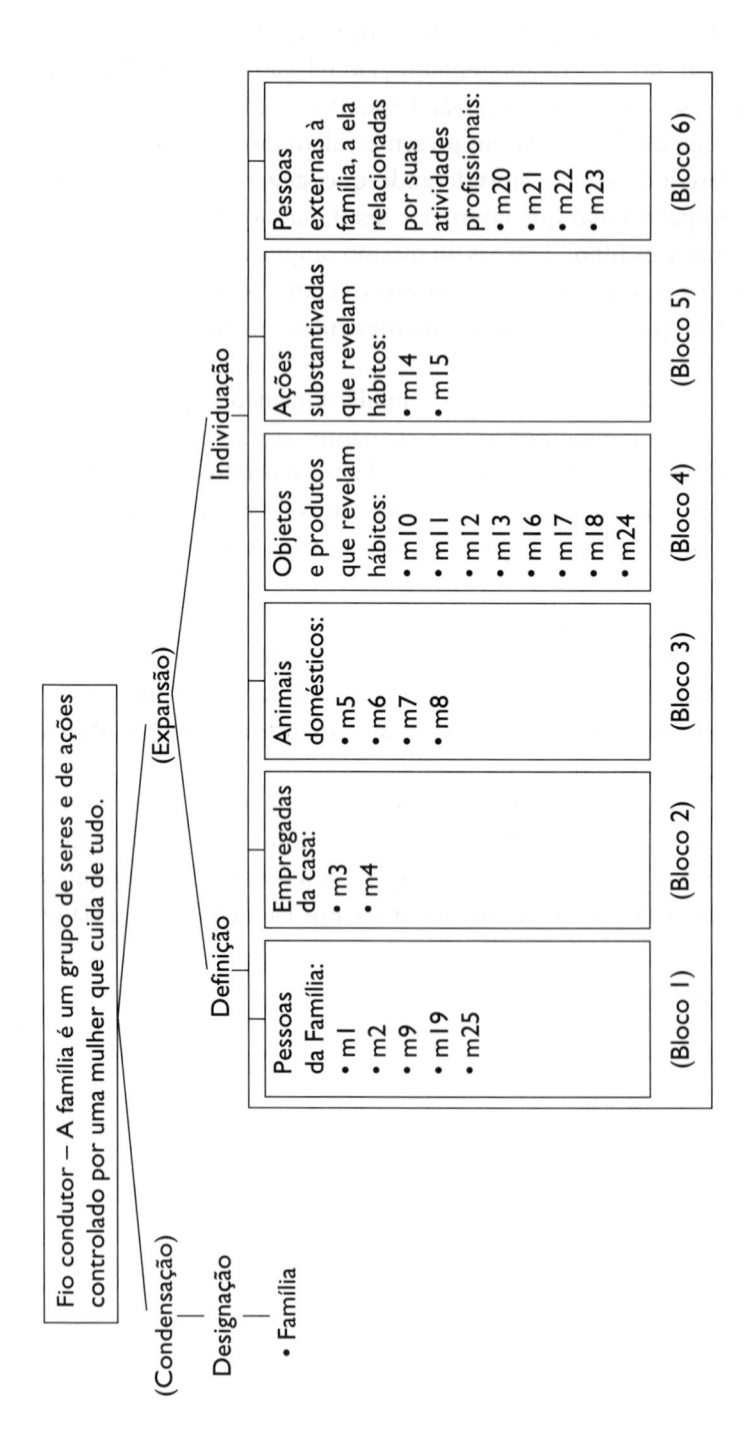

Fio condutor – A família é um grupo de seres e de ações controlado por uma mulher que cuida de tudo.

(Condensação)

Designação
- Família

(Expansão)

Definição — Individuação

Pessoas da Família:	Empregadas da casa:	Animais domésticos:	Objetos e produtos que revelam hábitos:	Ações substantivadas que revelam hábitos:	Pessoas externas à família, a ela relacionadas por suas atividades profissionais:
• m1 • m2 • m9 • m19 • m25	• m3 • m4	• m5 • m6 • m7 • m8	• m10 • m11 • m12 • m13 • m16 • m17 • m18 • m24	• m14 • m15	• m20 • m21 • m22 • m23
(Bloco 1)	(Bloco 2)	(Bloco 3)	(Bloco 4)	(Bloco 5)	(Bloco 6)

Conclusão

A variedade de enfoques nas pesquisas sobre a produção e intelecção textual configurou uma lingüística de texto marcada por diversas vertentes. Koch (1988), ao fazer uma reflexão sobre o percurso dessa corrente e suas tarefas no Brasil, ressaltou as seguintes linhas:

1. de Beaugrande/Dressler, centrada no estudo dos diversos critérios ou padrões de textualidade, adotando, entre outros pressupostos, os da *semântica procedural*;
2. de Weinrich, que trata da construção de uma macrossintaxe embasada no método heurístico da *partitura textual*;
3. de Van Dijk, voltada para o estudo das macro e superestruturas textuais e, portanto, para a questão da produção de resumos e, principalmente, da *tipologia de textos*;
4. da *análise do discurso* de linha americana, mais centrada no processamento cognitivo do texto, isto é, em sua compreensão e produção e, por conseqüência, centrada no estudo dos modelos e mecanismos cognitivos envolvidos nesse processamento, buscando subsídios na Psicologia da Cognição e na Inteligência Artificial (Abelson, Miller, Johnson, Rummelhart, Minsky, Ostony, entre outros);
5. do grupo de lingüistas franceses que se dedica aos problemas de ordem textual e à operacionalização dos construtos teóricos para o ensino de línguas (Charolles, Combettes, Vigner, Adam, entre outros);
6. da *análise da conversação*, encetada por etnometodólogos como Goffman, Sachs, Schegloff, Jefferson, a qual vem se constituindo em campo autônomo de pesquisas lingüística em diversos países da Europa e da América, inclusive no Brasil;
7. da *análise do discurso* de linha francesa, de cunho predominantemente socioideológico, que parte dos trabalhos de Pêcheux, seguidos dos de Maingueneau, e que, do mesmo modo, constitui campo de investigação à parte. É nessa mesma direção que caminha a vertente que vem se desenvolvendo na América do Norte, denominada *Critical Discourse Analysis*;

8. do grupo de Petöfi, linha voltada inicialmente para a construção de *uma teoria semiótica dos textos verbais* e atualmente centrada na questão da produção/compreensão de textos.

Situando nosso trabalho na terceira vertente, baseamo-nos em estudos de Hamon (1981), Adam & Petitjean (1982, 1982a), Adam (1987) e Petitjean (1987) e buscamos conhecer os princípios de organização do descritivo em língua portuguesa, analisando textos provenientes de diferentes situações discursivas.

Nossa investigação levou-nos a propor uma superestrutura do descritivo, definida por três categorias – *designação, definição* e *individuação* – e por duas regras responsáveis por sua organização – *equivalência* e *hierarquização* –, que, em síntese, foram assim descritas:

1. categoria da designação: responsável pela designação do ser descrito;
2. categoria da definição: responsável pela expansão do ser descrito, no que se refere às predicações genéricas, do *saber-partilhado*;
3. categoria da individuação: responsável pela expansão do ser descrito, no que se refere às suas predicações particulares;
4. regra de equivalência: responsável pela colocação das predicações, numa linha horizontal, revelando relação de equivalência;
5. regra de hierarquização: responsável pela organização das predicações no interior de cada categoria e entre as categorias, numa linha vertical, revelando relação de hierarquia.

Além de permitir que indentificássemos a superestrutura do descritivo, o estudo possibilitou-nos, também, conhecer outras características desse tipo de texto, estritamente ligadas ao nível superestrutural, uma vez que se referem à sua forma de expansão. Tais características traçam o perfil dessa modalidade por meio dos seguintes aspectos:

1. o texto descritivo expande-se por blocos;
2. a composição dos blocos indica um processo metonímico-sinedóquico, em que o ser é descrito por predicações relativas às suas partes ou propriedades (elementos a ele relacionados);
3. entre as partes e/ou elementos contidos nos blocos há um elemento comum, que é, propriamente, o fio condutor do texto, identificado como uma frase síntese que se expande nos blocos e os relaciona.

Se, por um lado, a investigação evidenciou todas essas características comuns do texto descritivo, independentemente da situação discursiva em que ele se manifesta, por outro, remeteu-nos às características específicas de cada uma das situações selecionadas para verificação de nossa hipótese.

Assim, ao buscarmos a identificação da superestrutura do descritivo em textos do discurso literário e naqueles do cotidiano dos discursos sociais – de turismo e de enciclopédia –, observamos que:

1) os textos enciclopédicos têm em sua expansão blocos referentes a localização, dados atuais (aspectos econômico, social e cultural) e dados históricos;
2) os textos de turismo têm em sua expansão blocos referentes a localização, dados atuais, dados históricos, possibilidade de lazer e convite;
3) os textos literários têm em sua expansão blocos referentes a personagens e a situações (de lugar ou de determinado tempo).

Os elementos diferenciadores decorrem de vários aspectos levados em consideração no ato da produção do descritivo, tais como: a finalidade do texto, a intenção do descritor, seu universo de saber, o público a que se destina o texto e o universo de experiências do descritário, que não foram objeto de nossas investigações. Desse modo, este trabalho não só confirmou as hipóteses da pesquisa, como também abriu perspectivas quanto a trabalhos futuros, na linha de investigação de subtipos descritivos, que estariam em situações discursivas diferenciadas.

Acreditamos ter cumprido nosso objetivo de contribuir para os estudos na área da Lingüística Textual, especificamente da tipologia de textos, bem como para os estudos da produção textual em língua portuguesa: redação e leitura, uma vez que, como já ressaltamos, definimos a superestrutura do texto descritivo, por meio de suas categorias e regras.

Pesquisas posteriores darão continuidade a esta, na medida em que a superestrutura do texto é apenas um dos aspectos envolvidos no processo da produção textual, seja em situação de redação, seja em situação de leitura.

Bibliografia

1. Bibliografia citada

ADAM, J. M. (1987). Approche linguistique de la séquence descriptive. *Pratiques* n.55. Metz, p. 3-26.

ADAM, J. M. & PETITJEAN, A. (1982). Introduction au type descriptif. *Pratiques* n.34. Metz, p.77-92.

ADAM, J. M. & PETITJEAN, A. (1982a). Les enjeux textuels de la description. *Pratiques* n.34. Metz, p.93-117.

BAKHTINE, (1979). *Esthétique de la creation verbale*. Paris: Gallimard, 1984.

CHABROL, C. (1973). Alguns problemas de gramática narrativa e textual. In: *Semiótica narrativa e textual*. São Paulo: Cultrix.

CHARAUDEAU, P. (1983). *Éléments de sémiolinguistique*. Paris: Hachette.

CHAROLLES, M. (1978). Introdução aos problemas da coerência dos textos. In: GALVES, C. e outros. *O texto: leitura e escrita*. Campinas: Pontes Editores, 1988.

CHOMSKY, N. (1965). *Aspectos da teoria da sintaxe*. Coimbra: Armenio Amado-Editor, Sucessor, 1975.

COMBETTES, B. (1984). Quelques problémes poses pour l'etude d'antonyme. *Pratiques* n.43. Metz.

CONTE, M. E. (1977). *La linguistica testuale*. Milano: Feltrinelle Economica.

DESMEDT, E. (1984). *Semiótica da narrativa*. Coimbra: Livraria Almedina.

DUHAMEL, B. & MASSERON, C. (1987). Trois machines romanesques. *Pratiques* n.55. Metz, p.100-125.

FÁVERO, L. L. & KOCH, I. G. V. (1987). Contribuição a uma tipologia textual. *Letras & Letras*, volume 3, n.1. Uberlândia, p.3-10.

FÁVERO, L. L. & KOCH, I. G. V. (1983). *Lingüística textual: introdução*. São Paulo: Cortez.

FERREIRA, A. B. de H. (1975). *Novo dicionário da língua portuguesa*. Rio de Janeiro: Nova Fronteira.

GENETTE, G. (1966). Fronteiras da narrativa. In: *Análise estrutural da narrativa*. 3ª edição. Petrópolis, Vozes, 1973.

GREIMAS, A. J. & COURTÉS, J. (1979). *Dicionário de semiótica*. São Paulo: Cultrix.

GUIMARÃES, E. R. J. (1986). Polifonia e tipologia textual. In: FÁVERO, L. L. & PASCHOAL, M. S. Z. *Lingüística textual/texto e leitura.* Cadernos PUC n.22. São Paulo: EDUC, p.75-88.

HAAS, G. & LORROT, D. (1987). Pédagogie du texte descriptif. *Pratiques* n.55. Metz, p.28-46.

HAMON, P. (1981*).* Introduction a l' analyse du descriptif. Paris: Hachette.

HAMON, P. (1972). O que é uma descrição. In: *Categorias da narrativa.* Lisboa: Vega.

KOCH, I. (1988). *Estado atual da lingüística de texto e suas tarefas no Brasil.* Texto em edição experimental, apresentado em Congresso da ANPOLL.

MARCUSCHI, L. A. (1983). *Lingüística de texto: o que é e como se faz.* Publicação da Universidade Federal de Pernambuco - Mestrado em Letras e Lingüística, Série Debates, Recife.

MARTIN, R. (1983). *Pour une logique du sens.* Paris: Puf.

NEIS, I. A. (1986). Elementos de tipologia do texto descritivo. In: FÁVERO, L. L. & PASCHOAL, M. S. Z. *Lingüística textual/texto e leitura.* Cadernos PUC n.22. São Paulo: EDUC.

ORLANDI, E. (1983). *A linguagem e seu funcionamento.* São Paulo: Brasiliense.

PETITJEAN, A. (1987). Fonctions et fonctionnements de la description représentative: l'exemple des paysages. *Pratiques* n.55. Metz, p. 61-88.

PETÖFI, J. S. (1977). Semantica, pragmatica, teoria del testo. In: CONTE, M. E. *La linguistica testuale.* Milano: Feltrinelli Economica.

POTTIER, B. (1974). *Lingüística general – teoría y description.* Madrid: Gredos, 1977.

REUTER, Y. (1987). Descriptions de femmes-atelier descripture. *Pratiques* n.55. Metz, p.47-60.

RICARDOU, J. (1973). *Le nouveau roman.* Paris: Seuil.

SCHMIDT, J. (1973). *Lingüística e teoria de texto.* São Paulo: Pioneira, 1978.

SILVEIRA, R. C. P. (1985). A produção textual e a tematização. *XI Anais do GEL.* São José do Rio Preto.

SPRENGER-CHAROLLES, L. (1984). Léxico, aprendizagem, conhecimentos do mundo. *Pratiques* n.43. Metz.

SPRENGER-CHAROLLES, L. (1980). Le rusumé de texte. *Pratiques* n.26. Metz, p.59-90.

VAN DIJK, T. A. (1986). News schemata. In: *Studying writing: linguistic approaches.* Beverly Hills: Sage Publications, Inc., p. 155-185.

VAN DIJK, T. A. (1986). News schemata. In: *Studying writing: linguistic approaches.* Beverly Hills: Sage Publications, Inc., p. 155-185.

VAN DIJK, T. A. (1980). Etudes du discourse et enseignement. In: *Linguistique et enseignement des langues.* Coleção Linguistique et Semiologie, Presses Universitaires de Lyon.

VAN DIJK, T. A. (1973). Gramática textuais e estruturas narrativas. In: CHABROL, C. *Semiótica narrativa e textual.* São Paulo: Cultrix, 1977.

VAN DIJK, T. A. (1972). Nota sulle macroestrutture linguistiche. In: CONTE, M. E. *La linguistica testuale.* Milano: Feltrinelli Economica, 1977.

VAN DIJK, T. A. & KINTSCH, W. (1975). Commet on se rappelle et on résume des histoires. *Langue Française* n.40. Paris: Larousse, p.99-117.

VINSON, M. C. (1987). Description et point de vue: un travail de lecture/écriture au collège. *Pratiques* n.55. Metz, p.89-99.

2. Bibliografia consultada

BARTHES, R. (1973). Análise textual de um conto de Edgar Poe. In: CHABROL, C. *Semiótica narrativa e textual.* São Paulo: Cultrix, 1977.

BEAUGRANDE, R. A. de & DRESSLER, W. U. (1981). *Introduzione alla linguistica testuale.* Bologna: Il Mulino, 1984.

BELLERT, I. (1970). Una condizione della coerenza dei testi. In: CONTE, M. E. *La linguistica testuale.* Milano: Feltrinelle Economica, 1977.

BENVENISTE, E. (1966). *Problemes de linguistique genérale.* Paris: Gallimard.

BERRUTO, G. (1981). Tipologia dei testi e analisi degli eventi comunicativi: tra sociolinguistica e texttheorie. In: *Teoria e analisi del testo.* Quaderni del Circolo Filologico Linguistico Padovano n.12. Padova: Cleup.

BERTINETTO, P. M. (1981). I paradosi della nozione di testo. In: *Teoria e analisi del testo.* Quaderni del Circolo Filologico Linguistico Padovano n.12. Padova: Cleup.

COMBETTES, B. (1978). Thématisation et progression thématique dans les récits d'enfants, enseignement du récit et coherence du texte. *Langue Française* n.38. Paris: Larousse, p.74-86.

CORACINI, M. J. R. F. (1988). *A subjetividade no discurso científico: análise do discurso científico primário em português e francês.* Tese de Doutorado, PUC/SP.

COSERIU, E. (1961). *Teoria da linguagem e lingüística geral.* São Paulo: Presença, 1979.

D'ANDREA, A. (1981). Sermo brevis, contributo alla tipologia del testo. In: *Teoria e analisi del testo.* Quaderni del Circolo Filologico Padovano n.12. Padova: Cleup.

DUBOIS, J. *et alii* (1978). *Dicionário de lingüística.* São Paulo: Cultrix.

DUCROT, O. & TODOROV, T. (1972). *Dicionário das ciências da linguagem.* São Paulo: Perspectiva, 1976.

DUCROT, O. (1972). *Dire et ne pas dire – principes de semantique linguistique.* Paris: Hermann.

ECO, U. (1984). *Conceito de texto.* São Paulo: T. A. Queiroz.

FONSECA, F. I. & FONSECA, J. (1977). *Pragmática lingüística e ensino de português*. Coimbra: Almedina.

FRAPPIER-MAZUR, L. (1980). La description mnéumonique dans le roman romantique. Le decrit. *Revue Littérature* n.38. Paris: Larousse, p.3-26.

GENOUVRIER, E. & PEYTARD, J. (s/d). *Lingüística e ensino do português*. Coimbra: Almedina, 1973.

GREIMAS, A. J. (1976). *Semiótica do discurso científico – da modalidade*. São Paulo: Difel.

GUIMARÃES, E. (1983). Sobre alguns caminhos da Pragmática. *Revista do Curso de Letras da Faculdade de Uberaba*, Série Estudos – 9. Uberaba, p.15-29.

HIRSCH Jr., E. D. (1976). *Come si interpreta un testo*. Roma: Armando Armando, 1978.

HJELMSLEV, L. (1943). *Prolegômenos a uma teoria da linguagem*. São Paulo: Perspectiva, 1975.

KOCH, I. G. V. (1986). A intertextualidade como critério de textualidade. In: FÁVERO, L. L. & PASCHOAL, M. S. Z. *Lingüística textual/texto e leitura*. Cadernos PUC n.22. São Paulo: EDUC.

KOCH, I. G. V. (1984). *Aspectos da argumentação em língua portuguesa*. São Paulo: Cortez.

LANG, E. (1973). Di alcune difficoltà nel postulare una grammatica del testo. In: CONTE, M. E. *La linguistica testuale*. Milano: Feltrinelli Economica, 1977.

LAURI, K. (1969). Referenti testuali. In: CONTE, M. E. *La linguistica testuale*. Milano: Feltrinelli Economica, 1977.

MASSERON, C. (1984) Le sens des mots. *Pratiques* n.43. Metz.

NEIS, I. A. (1981). Por uma gramática textual. *Letras de Hoje* n.44. PUC/RJ, Porto Alegre.

ORLANDI, E. (1988). Une confrontation dans le langage. *Langage et Société* n.46. Paris, p.45-66.

POSSENTI, S. (1981). *Discurso e texto*. Campinas: UNICAMP.

RELLA, F. (1977). Testo analitico e analisi testuale. In: *La materialitá del testo*. Verona: Bertani.

SILVEIRA, R. C. P. (1986). Seletividade e argumentatividade. *XII Anais do GEL*. São Paulo: Lins, p.349-353.

SILVEIRA, R. C. P. (1984). Significação e texto. *IX Anais do GEL*. Batatais, p. 21-26.

SILVEIRA, R. C. P. (1980). *A gramática portuguesa na pesquisa e no ensino*. São Paulo: Cortez.

SIMONIN-GRUMBACK, J. (1983). Para uma tipologia dos discursos. In: *Língua, discurso, sociedade*. São Paulo: Global.

VAN DIJK, T. A. (1986). El discurso y la reproducción del racismo. *Lenguaje en contexto*, volume I, n.1/2. Buenos Aires, 1988, p.131-180.

VAN DIJK, T. A. (1977). *Testo e contesto*. Bologna: Mulino, 1980.

VANOYE, F. (1973). Usos da linguagem. São Paulo: Martins Fontes, 1979.

VOGT, C. (1980). *Linguagem, pragmática e ideologia*. Campinas: Hucitec/FUNCAMP.

3. Obras sobre redação

ALMEIDA, A. de (1979). *Português básico para cursos superiores*. São Paulo: Atlas.

ANDRÉ, H. A. de (1978). *Curso de redação*. 2ªedição. São Paulo: Marco Editorial.

BARROS, J. (1985). *Encontros de redação*. São Paulo: Moderna.

BRAIT, E. R. & outros (1980). *Aulas de redação*. São Paulo: Atual.

FARACO, C. & MOURA, F. (1986). *Para gostar de escrever*. 3ªedição. São Paulo: Ática.

FELIZARDO, Z. C. (1978). *Teoria e prática da redação*. São Paulo: Companhia Editora Nacional.

GARCIA, O. M. (1976). *Comunicação em prosa moderna*. 4ªedição. Rio de Janeiro: Fundação Getúlio Vargas.

MARTINEZ, R. H. (1985). Três tipos de discurso. In: *Subsídios à proposta curricular de língua portuguesa para o 2ºgrau*, Volume III. São Paulo: Secretaria do Estado da Educação.

MEDEIROS, J. B. (1983). *Técnicas de redação*. São Paulo: Atlas.

MORASSI, A. & CARAMELLO, S. (1982). *Redação pelo processo passo a passo*. São Paulo: Livros Érica Edição.

ROCHA LIMA, C. H. da & BARBADINHO Neto, R. (1980). *Manual de redação*. 2ªedição. Rio de Janeiro: Fename.

SOARES, M. B. & CAMPOS, E. N. (1984). *Técnica de redação*. Rio de Janeiro: Ao Livro Técnico S/A.

SODRÉ, M. & FERRARI, M. H. (1978). *Técnica de redação: o texto dos meios de informação*. 2ªedição. Rio de Janeiro: Francisco Alves.

TUFANO, D. (1985). *Estudos de redação*. São Paulo: Moderna.

CONHEÇA OUTROS TÍTULOS DO NOSSO CATÁLOGO

Fundamentos da Crítica Textual
História - Metodologia - Exercícios
Barbara Spaggiari e Maurício Perugi – ISBN 85-86930-38-5

Série *Dispersos*
- *Dispersos de J. Mattoso Câmara Jr.*
  Nova edição revista e ampliada
  Carlos Eduardo Falcão Uchôa (Org.) – ISBN 85-86930-39-3
- *Estudos de Língua Oral e Escrita*
  Dino Preti – ISBN 85-86930-33-4

Hipertexto e Gêneros Digitais
novas formas de construção de sentido
Luiz Antônio Marcuschi e Antônio Carlos Xavier (Orgs.) – ISBN 85-86930-36-9

Tecendo Textos, Construindo Experiências
Angela Paiva Dionisio e Normanda Beserra (Orgs.) – ISBN 85-86930-28-8

Gêneros Textuais & Ensino (2ª ed.)
Angela Dionisio, Anna Rachel Machado e Mª Auxiliadora Bezerra – ISBN 85-86930-18-0

Texto e Discurso
Mídia, literatura e ensino
Maria Aparecida Lino Pauliukonis e Sigrid Gavazzi (Orgs.) – ISBN 85-86930-25-3

O Livro Didático de Português (2ª ed.)
Angela Paiva Dionisio e Maria Auxiliadora Bezerra (Orgs.) – ISBN 85-86930-14-8

História Entrelaçada: a Construção de Gramáticas e o Ensino de Língua Portuguesa do Século XVI ao XIX
Neusa Barbosa Bastos e Dieli Vesaro Palma (Orgs.) – ISBN 85-86930-34-2

Fundamentos Histórico-Lingüísticos do Português do Brasil
Sílvio Elia – ISBN 85-86930-31-8

Visões e Identidades Brasileiras de Shakespeare
Marcia A.P. Martins (Org.) – ISBN 85-86930-37-7

Tradução de Humor
Marta Rosas – ISBN 85-86930-17-2

Conheça outros Títulos do nosso Catálogo

Moderna Gramática Portuguesa (37ª ed. revista e ampliada)
Evanildo Bechara – ISBN 85-86930-05-9

Gramática Escolar da Língua Portuguesa (1ª ed.) (com exercícios e respostas)
Evanildo Bechara – ISBN 85-86930-16-4

Lições de Português pela Análise Sintática (16ª ed. rev. e ampl.) (com exercícios e respostas)
Evanildo Bechara – ISBN 85-86930-13-X

Língua Brasil: Não Tropece na Língua - vol. 1 Crase, Pronomes & Curiosidades
Maria Tereza de Queiroz Piacentini – ISBN 85-86930-32-6

Na Ponta da Língua (Coletânea de Artigos)
Vol.1 (2ª ed.) – ISBN 85-86930-02-4
Vol.2 (2ª ed.) – ISBN 85-86930-11-3
Vol.3 (1ª ed.) – ISBN 85-86930-15-6
Vol.4 (1ª ed.) – ISBN 85-86930-19-9
Vol.5 (1ª ed.) – ISBN 85-86930-26-1
Vol.6 (1ª ed.) – ISBN 85-86930-41-5 (no prelo)

Linguagem sobre Sexo no Brasil
Max Araripe – ISBN 85-86930-07-5

Linguagem & Trabalho
Francisco Duarte e Vera Feitosa (orgs.) - ISBN 85-86930-03-2

Provérbios e Máximas (em 7 idiomas – 2ª ed.)
Josué Rodrigues de Souza (Org.) – ISBN 85-86930-08-3

O Contrato de Comunicação da Literatura Infantil e Juvenil
Ieda de Oliveira – ISBN 85-86930-29-6

Articulação Textual na Literatura Infantil e Juvenil
Leonor Werneck dos Santos – ISBN 85-86930-27-X

Nas Arte-Manhas do Imaginário Infantil (3ª ed.)
Fátima Miguez – ISBN 85-88038-02-1

CONHEÇA OUTROS TÍTULOS DO NOSSO CATÁLOGO

Coleção *Educação & Transdisciplinaridade*
- *Educação e Transdisciplinaridade*
  Severino Antônio – ISBN 85-86930-22-9
- *A Utopia da Palavra*
  Severino Antônio – ISBN 85-86930-23-7
- *A Educação e o Sagrado*
  Laureano Guerreiro – ISBN 85-86930-24-5

CONHEÇA O CATÁLOGO INFANTIL E JUVENIL DA EDITORA ZEUS

VISITE NOSSA PÁGINA NA INTERNET
WWW.LUCERNA.COM.BR

EDITORA LUCERNA® e EDITORA ZEUS®
são marcas registradas da **Editora Y.H. Lucerna Ltda.**

Este livro foi impresso na gráfica Sermograf
R. São Sebastião, 199 – Petrópolis – RJ
em setembro de 2004 para a
EDITORA LUCERNA